Nueva Guía para ser
más
Cabrona

...con los hombres, en las relaciones, las citas, etc...

Elizabeth Hilts

Nueva Guía para ser más Cabrona

...con los hombres, en las relaciones, las citas, etc...

SOURCEBOOKS, INC.®
NAPERVILLE, ILLINOIS

Published by Sourcebooks, Inc.
P.O. Box 4410, Naperville, Illinois 60567-4410
(630) 961-3900
Fax: (630) 961-2168
www.sourcebooks.com

ISBN-13: 978-1-4022-0897-3
ISBN-10: 1-4022-0897-9

Título original: The Inner Bitch Guild to Men, Relationships, Dating, Etc.
Traducción: Rosa María Fernández Valiñas.
Diseño de portado: Rebecca Pasko.
Illustración de portado y tiras cómicas: Nicole Hollander.

Copyright © 2005 por Editorial Diana, S.A. de C.V.
Arenal No. 24, Edif. Norte,
Ex Hacienda Guadalupe Chimalistac,
01050 México, D.F.
www.diana.com.ms

Para los romances reales de mi vida:
Neil Swanson, Shannon Hector
y Cassidy Elizabeth Singleton.
Y para Bernie, ojalá estuvieras aquí.

AGRADECIMIENTOS

Por su apoyo incondicional e interminable, a la autora le gustaría poder hacer algo más para agradecer a: Neil Swanson, Shannon Hector, Cassidy Singleton ("Oh, sí, nena"), Laura Fedele, Elaine Osowski, Michael Dumez, Dawn Collins, Felicia Robinson, David Robinson, Mary Brill, Jon "Chet" Kirkham, y a las mujeres de Juba (en especial a Julie Pallota).

Un agradecimiento especial, una vez más, a Deborah Werksman, cuya fe ha llevado a la Perfecta Cabrona mucho más lejos de lo que yo pensé que podría llegar.

Muchísimas ¡Gracias! a todos los hombres y mujeres que se han reído con la Perfecta Cabrona.

CONTENIDO

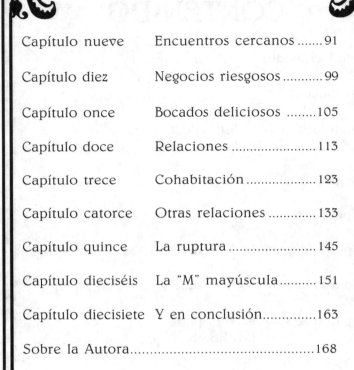

Sylvia
por Nicole Hollander

Claro que soy feliz. ¿Por qué no habría de serlo?

¿Esta eres tú? Contesta el cuestionario y averígualo.
1. "Mantengo un buen balance entre mis relaciones íntimas y mi trabajo."
2. "Escucho audiocintas para aprender idiomas en la ducha."
3. "Algunas veces, aunque no con frecuencia, me hablan mis zapatos."

"La intimidad es un
arte difícil."

Virginia Woolf

INTRODUCCIÓN

En mi primer libro, *Manual de la perfecta cabrona*, identifiqué un fenómeno común que bauticé como: "lindura tóxica". La lindura tóxica es algo para lo que se entrena a la mayoría de las mujeres desde la más tierna infancia, y la manifestación más común de esta enfermedad es decir "sí" cuando no es esa tu intención, lo que te lleva a hacer cosas que realmente no quieres hacer, lo que a su vez crea resentimiento, que tiende a salir en toda clase de formas extravagantes: síntomas de enojo, platos rotos, periodos prolongados de mal genio. Ninguna de estas conductas es esencialmente saludable y por lo general sólo confunden a todo mundo, tú incluida.

Ésta no es una imagen bonita.

Sigo manteniendo que el estar en contacto con tu Cabrona Interior elimina el resentimiento porque te hace libre de poder decir "no". Y cuando eres libre de poder decir "no", es probable que cuando digas "sí" sea porque en realidad quieres decirlo. (Por cierto, estar en contacto con tu Cabrona Interior no significa que puedas consentirte malas conductas, como ataques de cólera y manipulación. Ese tipo de actitudes son groseras, y la vida ya es bastante difícil sin tener que añadir brusquedad a la mezcla.) Aunque tratar de deshacerte de la lindura tóxica en tu vida puede ser una transición delicada (ya que si siempre has estado al servicio de todos, se van a resistir al ver surgir a tu verdadero yo), en realidad es bastante fácil. Con la sencilla frasecita *Yo creo que no*, que está explicada por completo en mi primer libro, cualquiera puede dominar el proceso. Te aseguro que vale la pena. Estar en contacto con tu Cabrona Interior te lleva a ser más honesta, a tener una mejor comunicación y, a la larga, a relaciones más sanas; sin mencionar que tendrás más tiempo libre entre tus manos.

¿Y qué tiene esto que ver con el romance? Todo. Estar en contacto con tu Cabrona Interior significa que tu vida romántica va a ser más simple. Tal vez no más fácil, pero sí más simple. Esto sucede porque con el Estilo de la Cabrona Interior para la Intimidad no vas a volver a caer en las trampas que han condenado a tus relaciones anteriores o que están creando problemas en tu relación actual.

"¿Cómo?", podrías preguntar. Permíteme enumerarte las maneras:

1. No estarás obsesionada con el miedo de que si ese hombre supiera cómo eres en realidad, no querría tener nada que ver contigo.

2. No te sentirás frustrada por no saber cómo obtener lo que quieres y lo que necesitas de tu relación.
3. No te agotarás perdiendo el tiempo en supuestas relaciones que son en realidad románticos callejones sin salida.
4. Te sentirás más a gusto con tu situación amorosa, sin importar cuál sea.

¿De dónde parto para hacer estas afirmaciones tan audaces? De la experiencia. Después de aceptar a mi Cabrona Interior y de ponerla a trabajar en mi vida romántica, estoy ahora dentro de la mejor relación que haya tenido. Créeme, si me funcionó a mí, te va a funcionar a ti.

LINDURA TÓXICA

Antes de entrar en contacto con mi Cabrona Interior, sufría de lindura tóxica crónica. En especial en lo relacionado con los hombres. Mi vida romántica era un desastre. Después de dos divorcios, innumerables romances (algunos de los cuales fueron totalmente vergonzosos, otros fueron... bueno, *agradables* es lo mejor que puedo decir de ellos), y situaciones secas que harían que el desierto del Sahara pareciera el Creciente Fértil, tuve una revelación sobre los romances y yo. Yo era una tonta. Una completa tonta que se comportaba como un tapete a la menor muestra de interés de un hombre.

Mi momento de cambio llegó cuando aquel chico guapo me dejó plantada. Dos veces. En ese momento me di cuenta de que no sólo estaba tolerando que los hombres me trataran mal, sino que los estaba invitando a hacerlo y sabía que tenía que cambiar. Ya no más sonrisas resplandecientes cuando el macho sentado al otro lado de la mesa hiciera pronunciamientos absurdos y comentarios indignantes. No volver a tolerar *conductas de niñito* que eran en realidad conductas groseras. No más noches en vela preguntándome qué había hecho mal cuando todo lo que había hecho era hacer valer mis derechos. No más decir "sí" cuando quería decir "no". Todo eso se había acabado. Y aunque no sucedió de inmediato, no había pasado mucho tiempo cuando conecté con el *Paquete Completo.*

Lo conocía desde algunos años antes de tener un romance con él. Aunque me sentí atraída desde el momento en que le puse la vista encima, cuando lo conocí estaba involucrado con alguien más. Lo que fue algo bueno, pues lo quitó de mi lista de posibles romances.

Así que estaba salvada de mi impulso de ceder a la conducta autodestructiva que me dominaba cuando un hombre era una posibilidad romántica. Decía lo que pensaba, era directa, me reía a carcajadas, lo trataba como al valioso amigo en el que se convirtió.

En resumen, me comporté como yo era. Así que él sabía, perfectamente, en lo que se estaba metiendo cuando nuestra relación se transformó de amistad en romance; después de que su relación anterior llevaba terminada un tiempo saludable. Como resultado, él no se sorprendió ni se sintió insultado con mi comportamiento característico, pues siempre había sido así.

¿Es una relación perfecta? Por favor, no creo que eso exista. Sin embargo, es una buena relación, y estoy más contenta y satisfecha que nunca. Además, estoy segura de que el Estilo de la Cabrona Interior para la Intimidad es la llave para el éxito.

Sylvia   por Nicole Hollander

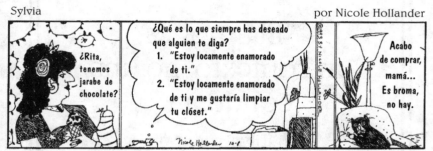

"El amor es
un contexto, no una
conducta."

Marilyn Ferguson

CAPÍTULO UNO

EL ESTILO DE LA CABRONA INTERIOR

El Estilo de la Cabrona Interior para la Intimidad está en contraste directo con la intimidad tóxica. Si en este momento estás asintiendo con la cabeza, quiere decir que sabes perfectamente lo que es la intimidad tóxica. Si no es así, contesta este breve cuestionario:

1. ¿Te preguntas a ti misma por qué tus relaciones nunca parecen funcionar de la forma que tú esperas que funcionen?
2. ¿Estás confundida por la manera en que tus relaciones terminan en el punto en el que empiezas a sentirte lo suficientemente cómoda para ser tú misma?
3. ¿Alguna vez has recogido tu corazón del suelo y lo has cuidado hasta que volvió a estar sano, con

innumerables litros de helado caro, envuelta en una manta en un sillón viendo series de televisión insípidas?

Entonces, querida, **déjame decirte algo**: tú sabes lo que es la intimidad tóxica, aunque antes no supieras que se llamaba así. La intimidad tóxica nos dice que está bien tomar la ruta pasiva, preocuparse por no lastimar a otras personas aunque ellas nos estén lastimando. La intimidad tóxica es el veneno en una relación sana y, por desgracia, es la forma en la que la mayoría de las mujeres enfocan el romance.

LA BARRERA TÓXICA

Las relaciones construidas sobre bases inestables de intimidad tóxica están condenadas desde el principio.

"¿Cuáles son las raíces de la intimidad tóxica?", podrías preguntar.

No quiero señalar a personas específicas, pero la cruda realidad es esta: **nuestra cultura**.

Piensa en algo que parece tan inofensivo como la música pop. La música pop entra en una serie de categorías bastante limitadas: existe el género *amor imposible*, el género *los cuentos de hadas se convierten en realidad*, el género *te odio y no puedo vivir sin ti*, el género *voy a cambiar por ti* y el género *el amor apesta*.

También existen el cine y la televisión, los que por alguna razón son vistos como si reflejaran o examinaran nuestra forma de vida. Una premisa absurda de cualquier forma en la que se vea, pero tan penetrante que cualquier experiencia de la vida real se va a quedar corta aunque no sea por otra razón más que por la falta de una banda sonora. Y es muy probable que si alguna vez has visto a una persona borrosa sea porque tus lentes de contacto estaban sucios. A ver, ¿quién, realmente, tiene una vida que esté a la altura de una película o un programa de televisión? Nadie. No hay nadie que te escriba un libreto, y tu vida no necesita una conclusión en dos horas o menos. Ni siquiera las formas más intelectuales de cultura son mejores. La ópera está llena de romances disfuncionales, al igual que la literatura. Hasta la Biblia hace referencia a relaciones que sólo pueden ser descritas como tóxicas.

La cuestión de si la cultura es un reflejo de nuestra sociedad o la fuerza que le da impulso, está abierta a debate. Existen buenos argumentos de ambas partes; sin embargo, como ya mencioné antes, es mejor dejar esos temas a los sociólogos que necesitan un proyecto para obtener financiamiento. Para nuestros propósitos es suficiente con decir que la mayoría de nosotras crecimos inmersas en nuestra cultura, por lo tanto, nuestra conciencia se formó en esa cultura (hasta diferentes grados).

¿Crees que estoy bromeando, verdad? **Pues no.**

Consiéntete con un maratón de tus videos preferidos de películas románticas; cuenta todas las frases que salen de tu boca de forma impulsiva al mismo tiempo que las dicen los personajes. O más sencillo, enciende tu aparato de radio y pon atención a las letras de las canciones pop. Te apuesto que conoces muy bien la letra de la mayoría de estas canciones. Y si te sabes las letras de memoria, es casi seguro que las hayas tomado al pie de la letra. Desde luego que yo lo hice. Y traté de aplicar las lecciones que aprendí de mi música favorita a mi vida romántica.

No estoy sugiriendo que dejes de ir al cine o que apagues el radio, sino que empieces a notar las influencias culturales disfuncionales o demasiado idealistas. Disfrútalas, pero no las tomes como modelo para tu vida.

¿EN QUÉ ESTABA PENSANDO?

No se puede negar el hecho de que el ideal popular del romance está diseñado prácticamente para mandarte directo a la lindura tóxica.

En el comienzo de la actividad romántica te domina el deseo de proyectarte bajo la luz que más te favorezca. Esto no es realmente deshonesto. Sólo es parte de la naturaleza humana hacer todo lo posible para atraer al objeto de nuestro deseo, tras acentuar nuestras cualidades más atractivas. Por eso es que cuidas tu apariencia cuando existe aunque sea una remota posibilidad de ver a dicho objeto del deseo. Y no hay nada de malo en eso, en realidad. De hecho, es algo divertido.

El problema es considerar que ser tonta es igual a ser deseable. No podemos negarlo: todas lo hemos hecho, inclusive más de una vez. (Si no lo has hecho, déjame ofrecerte mi felicitación más personal en este momento. Y quedas disculpada de tener que leer el resto del libro.)

Sin embargo, si empiezas un romance con un hombre bajo falsas pretensiones, estás de acuerdo con cada sugerencia que haga y pretendes ser alguien que no eres, es muy difícil pasar de esa dinámica hacia el Estilo de la Cabrona Interior para la Intimidad. La transformación va a ser una conmoción para tu pareja. Su confusión cuando empieces a ser asertiva va a ser totalmente entendible. Hasta puede justificarse que él pregunte: "¿Qué le pasó a esa chica linda que conocía?" ¿Es eso lo que quieres? Yo creo que no. ¿Puedo sugerirte que mejor intentes el Estilo de la Cabrona Interior para la Intimidad?

EL ESTILO DE LA CABRONA INTERIOR

La premisa básica del Estilo de la Cabrona Interior para la Intimidad es muy sencilla: no eres una *criatura*, eres un adulto. Al igual que tu compañero. (Desde luego que podría estar equivocada acerca de esto. Pero si ninguno de los dos son adultos, entonces tendré que preguntarte por qué y cómo estás leyendo este libro.)

En el transcurso de tu transformación en adulto, has aprendido un par de cosas. Sabes qué sabor de helado te gusta, dominas el arte de mantener cuerpo y alma juntos, tienes algunas ideas definidas sobre ciertas cosas.

Más específicamente, tienes algunas ideas definidas sobre quién eres y lo que quieres de una relación. Si estás en contacto con tu Cabrona Interior, eres capaz de articular esas ideas de una forma cortés y firme, que te ayuda a manifestarte y mantener la relación que quieres.

Igual de importante es que también sabes lo que no quieres de una relación. Te apuesto el precio de este libro a que no quieres:

- Otra relación que te deje sintiéndote ansiosa y poco valorada.
- Una relación que parezca más una batalla de deseos que un refugio seguro.
- Un romance que te cueste tu dignidad y tu bienestar.

¿Cómo puedes detener esa locura que te conduce a ese tipo de cosas? ¡Tengo una frasecita práctica para ti!

LA FRASECITA PRÁCTICA

La clave del Estilo de la Cabrona Interior para la Intimidad es una frase sencilla: "¡**E**s **s**ano **p**ensar, **e**xaminar, **r**eflexionar, **a**nalizar!" Medita sobre esta frase el tiempo necesario y verás que forma un acrónimo mucho más simple: ESPERA.

ESPERA abarca todas las preguntas importantes que debes hacer en cada punto de cada relación. Preguntas como:

- ¿Esto tiene sentido?
- ¿Es una buena idea, en realidad?
- ¿Me estoy siendo leal a mí misma?
- ¿Por qué me parece tan familiar?
- ¿Me he metido en problemas por actuar de esta manera en una ocasión anterior?
- ¿Si le contara sobre esto a mi mejor amiga, me tacharía de tonta?

Pretender que nunca has hecho estas preguntas es, en el mejor de los casos, contraproducente (sobre todo la última). Está bien, tal vez hayan sido pensamientos fortuitos y efímeros que has aplastado como a una mosca demasiado persistente, pero cualquier mujer que dice que no ha escuchado flotar por su cerebro comentarios como estos en algún punto de una relación, se está engañando. El Estilo de la Cabrona Interior para la Intimidad sólo te pide que te sintonices con tus mejores instintos.

Sylvia   por Nicole Hollander

¿Anhelas consuelo espiritual, pero estás demasiado ocupada para leer una página diaria de esos pequeños libritos de meditación que están colocados convenientemente cerca de la caja registradora de la librería?

Llama a las espiritualistas de Sylvia... estaremos ahí cada mañana para leerte una meditación que te elevará la autoestima o enfocará tu energía mientras te subes las medias.

Rita, querida, dime lo maravillosa que soy.

Mamá, eres una diosa.

"Cada vez que le cierro
la puerta a la realidad,
ella entra por
las ventanas."

Jennifer Unlimited

CAPÍTULO DOS

ESPERAr

ESPERAr es una herramienta valiosa en cualquier relación, sin importar cuánto tiempo llevas en ella. Sin embargo, ESPERAr es más importante —y útil— al principio, justo cuando tu corazón empieza a palpitar y probablemente tu juicio esté nublado.

Ni siquiera pretendas no saber de qué te estoy hablando. Ya sabes lo que ha sucedido cada vez que has ignorado las banderitas rojas y la sensación de debilidad en el estómago (y el sarpullido que te sale cuando estás estresada).

Desastre. Tal vez no un desastre en la escala de "¡Dios mío, capitán! ¡Sí era un iceberg!", pero algo cercano a eso. Así que vamos a examinar unas cuantas situaciones que requieren de la técnica de ESPERAr. Si una de estas situaciones sucede alguna vez en tu vida, Dios no lo permita, sólo ESPERA. Acuéstate en una habitación oscura hasta que pase el impulso de arrojarte a otra relación desastrosa.

- Acabas de conocer a alguien que te hace escuchar campanas, incluyendo las de alarma. Piensas, "¡Qué bien, otro chico malo!"
- Después de una llamada telefónica de dos horas de duración, te sobrecoge el deseo de invitar a tu nuevo pretendiente a casa, a pesar del hecho de que tienes una junta importante a las 8 a.m.
- Las palabras "Es tan diferente cuando estamos solos" salen de tu boca.
- El tema de vivir juntos surge a los dos meses de empezar la relación. ¿Romántico? Tal vez. ¿Una buena idea? Yo creo que no.
- Te das cuenta de que en verdad estás considerando un cambio completo de guardarropa por un comentario casual que hizo tu pareja.
- Cuando tus amigas te invitan a la cena mensual *sólo para mujeres*, consideras cancelarla para poder estar con él.

Hay una cantidad infinita de variaciones sobre este tema, pero entiendes el punto.

Lo mejor de tomarte el tiempo para hacerte (y contestar) estas sencillas preguntas es que evitarás el tener que decir "¿En qué estaba pensando?" Lo que ya es suficientemente malo cuando estás hablando sobre un vestido que desde que lo compraste te está quitando espacio en el clóset, pero que es atroz cuando estás haciéndole la autopsia a una relación.

CÓMO ESPERAr

ESPERAr funciona mejor si utilizas lo que las revistas llaman *tu estilo único y personal* en este proceso. Para ayudarte a descubrir tu estilo único, contesta este sencillo y breve cuestionario:

1. Tienes una cita para cenar con tus amigos después del trabajo y te das cuenta de que tienes 45 minutos libres, tú:
   a) Aprovechas ese tiempo para dar un paseo y poner en orden tus pensamientos, de ese modo podrás concentrarte en tus amigos cuando estén juntos.
   b) Vas de compras, desde luego.
   c) Rápidamente sacas tu teléfono celular para llamar a tu prospecto amoroso actual y decirle lo mucho que preferirías estar con él.
   d) Limpias tu bolso.

2. Mientras estás haciendo antesala en el consultorio de tu ginecólogo, tú:
   a) Aprovechas el tiempo de espera para practicar tu respiración de meditación.
   b) Examinas los catálogos que llevas contigo.
   c) Rápidamente sacas tu teléfono celular para llamar a tu prospecto amoroso actual y decirle lo mucho que preferirías estar con él.
   d) Limpias tu bolso.

3. Llega el fin de semana y tus planes se cancelaron, tú:
   a) Aprovechas el tiempo libre para escribir en tu diario.

b) Vas de compras.

c) Manejas cuatro horas para intentar encontrar a tu prospecto amoroso actual que está acampando cerca de un lago con algunos amigos.

d) Limpias tus clósets.

4. En la fila de la tienda de comestibles tú:

a) No piensas en nada, disfrutas del tiempo libre.

b) Hojeas revistas que te den ideas para tu próximo viaje de compras.

c) Rápidamente sacas tu teléfono celular para llamar a tu prospecto amoroso actual y decirle lo mucho que preferirías estar con él.

d) Te comes dos barras de chocolate.

Si la mayoría de tus respuestas son (a), tú ya sabes cómo ESPERAr y me halaga que estés leyendo este libro. Si la mayoría de tus respuestas son (b), tu mente dice: "*¡Atención compradores!* Debido a una inmensa demanda, presentamos una edición limitada especial de tiempo libre, que puede usarse en un sinfín de formas: dar un paseo por la playa, sentarte sin hacer nada durante un rato, reflexionar sobre tu vida". En cierta forma, sería una buena idea combinar tu amor por las compras con ESPERAr. Tal vez podrías comprarte uno de esos formidables libros en blanco y una pluma estilográfica para que puedas escribir lo que estás pensando. O una de esas milimétricas grabadoras de voz que puedes usar mientras escudriñas los exhibidores de tu tienda favorita.

Si la mayoría de tus respuestas fueron (c), guarda el teléfono y aléjate despacio de él, ya que parece que mueres por estar en contacto. Tal vez la mejor forma de

ESPERAr para ti es estar con amigos. Permíteme reiterártelo: con amigos. Bajo ninguna circunstancia vas a intentar estar en presencia de tu prospecto amoroso actual, ya sea en tiempo real o de forma digital o electrónica; y vas a ESPERAr. Habla con tus amigos sobre lo que piensas y asegúrate de escuchar sus comentarios.

Si respondiste la mayoría con la (d), ¿podrías venir a arreglar mis clósets? Y trae los chocolates, por favor.

En realidad, existen algunas semejanzas entre tu laboriosidad y ESPERAr: encuentras un pedazo de papel o un caramelo perdido y decides si todavía lo necesitas o puedes tirarlo. Al poner las cosas en orden, determinas la utilidad relativa de los objetos. "¿Todavía me sirve este vestido? ¿Cuándo fue la última vez que me puse este suéter? ¿Cómo se me pudo ocurrir que los jeans de satín fueran una buena idea?" Puedes aplicar esas mismas técnicas en tu vida romántica con la misma facilidad. Sólo tienes que imaginar que tu prospecto amoroso actual es algún tipo de contenedor y hacerte preguntas pertinentes sobre tu relación: "¿Me está funcionando esta relación?" es un buen punto para comenzar.

Sylvia

Durante el invierno, la gente sufre de fiebre invernal, lo que suelen confundir con atracción física. ¡La policía del amor debe intervenir! ¡Detente! ¡Él no es el hombre correcto para ti! Bah.

Soy un romántico, creo en Yanni, y me gusta el conejo de terciopelo de la historia, sé que sólo el amor te puede convertir en algo real.

Yo creo que el amor puede convertirte en muchas cosas, sobre todo en un "chiflado", ¿pero real? Tu cabello es tan grueso que estoy pensando: "Podría ser el correcto, ¿por qué no?" ¿Te gustan los niños?

¡Aléjate de él! Tengo un abogado en la cocina, para ti. Y para él, aquella rubia que está leyendo *El viento en los sauces*.

©1996 por Nicole Hollander

"Esta noche me siento como un millón, pero en monedas."

Mae West

CAPÍTULO TRES

¡AH!, EL ROMANCE

No hay nada que se compare a un nuevo romance; él es maravilloso, tú eres maravillosa y todos los días son una aventura repleta de maravillas. Es como si hubieras llegado a un universo paralelo que sospechabas que existía pero al que no sabías cómo entrar.

Es un poco aterrorizante, cuando te detienes a pensarlo. ¿Qué tal si estás equivocada sobre él, sobre ti, sobre toda la cuestión? ¿De verdad estás lista para este tipo de trastorno en tu vida? ¿Pudiera ser que tu juicio esté obnubilado por esos fabulosos ojos café o por el deseo de por fin, de una vez y para siempre, amar y ser amada por alguien maravilloso? ¿O es sólo el anhelo de no volver a pasar ninguna noche de sábado sola?

Bueno, todo lo anterior es posible. Sin embargo, seguir el Estilo de la Cabrona Interior para la Intimidad puede ayudarte a mitigar tus miedos y, lo que es mejor, ayudarte a reconocer este romance por lo que vale en realidad, ya que el Estilo de la Cabrona Interior para la Intimidad te ayuda a saber qué tipo de relación es la que realmente quieres tener y, tal vez más importante aún, qué tipo no quieres tener.

ROMANCES QUE HAY QUE EVITAR

La maravilla de dos semanas

¿Qué son las maravillas de dos semanas? Son esos paseos infernales en algún juego de un parque de atracciones que se disfrazan de comienzos de un romance. Ya sabes, el tipo torbellino que las películas volvieron popular, en el que el héroe y la heroína se miran uno al otro y ¡BLAM!, están enamorados. Muy bueno para la trama de una película pero no tan bueno en la vida real.

Las maravillas de dos semanas pueden ser entretenidas. Algo parecido a lo divertida que puede ser la casa del terror en Halloween. Pero el rumbo normal de esos encuentros, que es el único nombre para esto, en realidad no es una relación, se parece más a un desastre natural. El viento empieza a soplar un poco más fuerte, tu corazón empieza a latir un poco más rápido y cuando te das cuenta, algunas piezas de tu mundo vuelan por el aire como misiles dirigidos. Las maravillas de dos semanas siempre acaban mal. Y durante ese tiempo te preguntas por qué lo estás haciendo. Como es natural, no aplicas lo que significa ESPERAr a todo el conjunto, eso le daría un nivel de cordura a todo tu comportamiento.

Hormonas incontenibles

Está bien, sucede. La actual sequía deja en vergüenza al desierto del Sahara, y de repente aparece una pareja prometedora. O una pareja poco prometedora, y ha pasado tanto tiempo que tu primera reacción es algo como "¡Qué me importa!" No hay nada esencialmente malo con que te des el gusto (recuerda practicar el sexo protegido), siempre y cuando no intentes convencerte de que "Este es el indicado". Este no es el indicado, este sólo es uno que estás usando para un propósito muy especial. Y, francamente, Joycelyn Elders tenía razón: ocuparte de tus necesidades sexuales tú misma es una opción posible, y esto no es sólo para las estudiantes de preparatoria.

Cuentos de hadas

¡El Príncipe Encantador llegó! **De verdad**, esta vez sí está pasando. Lo tiene todo: un trabajo magnífico, un cuerpo grandioso, dientes lindos. Y quiere las mismas cosas que tú (bebés, un hotelito en el campo, viajar; puedes llenar los espacios correspondientes). El único problema es que él vive al otro lado del país. Pero quieren estar juntos, así que lo hacen. Vendes todos tus muebles, vas a las fiestas de despedida que te organizan tus amigos (aunque durante todo el tiempo estén diciendo que no con la cabeza) y te diriges hacia el atardecer para construir una vida con tu amor verdadero. ¡Oye, nunca se sabe! Esto podría funcionar.

No funciona. El sol sale y uno de ustedes (él, por lo general) decide que fue un error. ¡Qué romántico! Tu vida es un caos y estás lejos de casa.

Capítulo tres

El reto

Él está comprometido de cierta forma o parece algo lejano. De cualquier forma que lo veas, involucrarte con él representa un reto. Aunque no hay una manera segura de saber que no va a funcionar, las probabilidades están en contra. Así que, cuando crucen por tu mente pensamientos como: "Voy a lograr que él me ame", hay una señal segura de que es tiempo de ESPERAr.

Medidas desesperadas

Si tu mamá o tu abuela te preguntan una vez más cuándo vas a sentar cabeza, te volverás loca. Así que te buscas un hombre. Tiene la mayoría o todas las extremidades estándar, sabe cómo utilizar un tenedor y un cuchillo. ¡Hasta puede ser un chico muy agradable! Pero la única razón por la que estás con él es para no tener que negarte a contestar preguntas cada vez que te encuentras a un miembro de la familia.

¡ESPERA! ¡No lo hagas! Primero que nada, no es justo para ninguno de los dos. Y segundo, no vas a detener los interrogatorios interminables; sólo vas a cambiar su tono. Toma nota de lo que digo, unas cuantas horas después de que se lo presentes a tu familia van a empezar a preguntar cosas como: ¿Es una relación seria?, o hasta ¿Cuándo piensan casarse?

Recuerda que estas mismas mujeres te enseñaron verdades como: "Ningún hombre vale que pierdas la dignidad por él" y "Hay hombres para bailar y hombres para casarte". Por lo tanto la mejor forma de ponerle fin es repetirles sus propias palabras sabias. Confía en mí, funciona.

Hombres con los que ni siquiera deberías bailar

Hay algunos hombres que están dentro de una sola categoría: inadecuados. Como es natural, tú tendrás tu propia definición de lo que es adecuado. Sin embargo, aquí hay unos cuantos criterios básicos que pueden aplicarse a cada situación:

- Si está casado con alguien más, es inadecuado. Aun cuando él y su esposa *tengan un arreglo* o *su matrimonio lleve años muerto*. ¿Si está muerto, por qué no está enterrado?
- Cualquier hombre al que tengas que disculpar es inadecuado. Si alguna vez te das cuenta de que empiezas una oración con la frase: "Es que no lo entiendes...", no pases por la caseta, no reúnas los $200; sólo deja de ver a ese hombre.
- Cualquiera que sea una generación completa más joven que tú es inadecuado, no importa cuán vieja sea su alma. Si no me crees, enciérrate en una habitación y escucha cualquier tipo de música que le guste, a todo volumen durante tres horas por lo menos. Créeme, se acabará la atracción.
- Si te jura que eres la mujer perfecta para él en algún momento de las primeras tres citas, consigue una lista de sus ex novias y llámalas para que te den referencias sobre su personalidad. Si no te quiere dar la lista, pasa a otra cosa.

¿Todavía quedan romances?

¿Qué queda? Romances reales. La clase que se adapta a tu vida sin que ninguna de las partes se salga de control.

Capítulo tres

La clase en la que construyen juntos la relación, encuentran lo que les funciona y lo que no les funciona, y en la que se divierten haciéndolo. La clase que todo el mundo dice querer.

Sylvia   por Nicole Hollander

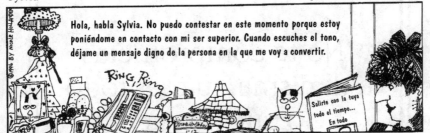

Hola, habla Sylvia. No puedo contestar en este momento porque estoy poniéndome en contacto con mi ser superior. Cuando escuches el tono, déjame un mensaje digno de la persona en la que me voy a convertir.

RING Ring

Salirte con la tuya todo el tiempo... En todo

"No te comprometas
a ti misma, tú eres todo
lo que tienes."

Janis Joplin

CAPÍTULO CUATRO

ESTÁS AQUÍ

Algo que es importante recordar sobre el Estilo de la Cabrona Interior para la Intimidad es lo siguiente: siempre debes mantener el contacto con la base (es decir, tú misma). Si pierdes contacto contigo misma, está casi garantizado que vas a hacer un viaje por la resbaladiza pendiente que lleva a la intimidad tóxica. Y después tendrás que volver a empezar.

Para evitar dar tumbos, recuerda estas tres simples reglas:

- Reconoce quién eres.

- Reconoce lo que quieres y sé capaz de comunicar tus deseos.

- Reconoce lo mucho que puedes hacer y harás por tu romance.

¿QUIÉN ERES?

Debe ser fácil identificar quién eres, después de todo, sabes tu nombre y un montón de información sobre ti misma. Pero la intimidad tóxica tiene una increíble capacidad para cegar a sus víctimas. Como a una amiga mía a quien llamaré Samantha.

Samantha es maravillosa en muchos sentidos. Es lista, tiene un gran sentido del humor y una risa gutural que le combina a la perfección; ha logrado sus metas profesionales, sus cenas son siempre las mejores en lo que se refiere a los alimentos y a la compañía. Ah, y es una belleza imponente. ¿Así que cuál podría ser el problema con Sammy?

Se reinventa cada vez que se relaciona con un hombre nuevo. Claro, las características básicas siguen en su sitio pero la cantidad de giros que Sammy le aplica a su vida pondría en vergüenza al equipo de prensa de la Casa Blanca.

Por ejemplo, cuando estaba con Henry (el espíritu libre más avanzado), Sammy sólo hablaba de su deseo de desechar su carrera y todas sus recompensas:

—Voy a vender mi casa, comprar un velero y a dejar mi trabajo —decía. Todo terminó cuando la ex de Henry llamó y le preguntó a Sammy si estaría dispuesta a hacerse cargo de la pensión alimenticia que ordenó el juez para que Henry no fuera a la cárcel.

Después llegó Hastings, el bebé de sangre azul, dueño de un fondo fiduciario. De repente Sammy estaba toda excitada hablando de clubes campestres y acontecimientos sociales de gala en los que se derramaba champaña y se desperdiciaba el caviar, pues "Todas las mujeres son tan cuidadosas con lo que comen". Lo que no estaba del todo mal, en realidad, pero cuando Sammy empezó a hablar como Katherine Hepburn varias cejas se levantaron. Ella es de Brooklyn, por favor, y parte de su encanto es que siempre ha sonado como tal. Para bien o para mal, el amorío Hastings terminó cuando ella se dio cuenta de que la colección de fotos de Mapplethorpe de Hastings no era sólo una gran inversión. El interés real de Hastings en Sammy se basaba en el hecho de que él tenía que casarse (con una mujer) para obtener el *grueso del dinero*.

Hay muchos otros ejemplos, pero relatarlos disminuiría la credibilidad. Es suficiente con decir que a pesar del hecho de que Sammy es extraordinaria tal como es, cada vez que se lía con un hombre se moldea para meterse en un ideal que cree que él tiene en mente. Nunca funciona; y no sólo porque los hombres sean unos fracasados u otras cosas. De hecho, hay por lo menos un hombre que era tan maravilloso como lo es ella.

John era un tipo realmente agradable con un trabajo real y buenos amigos; y además era muy guapo. Sammy pensaba que él era maravilloso y así comenzó la inevitable transformación hacia la mujer que ella pensaba que John quería. Cuando oyó por casualidad que él le decía a una amiga que ella sólo lo llamaba de vez en cuando, se esforzó en estar en contacto con más frecuencia. Empezó a comprar y a usar pequeños aretes y vestidos gitanos de gasa cuando él elogió el aspecto de otra amiga. Una noche en una fiesta, ella se rió muy alto y él le dijo: "Vaya risa", así que hizo un esfuerzo consciente para bajar el tono.

Desafortunadamente, unos seis meses después de que empezara el romance, John llegó a casa de Sammy y le dijo las tres palabras más temidas: "Tenemos que hablar".

Resultó que John se sentía incómodo con el hecho de que Sammy hubiera cambiado desde que habían empezado a salir. Y tenía una lista bastante larga. Se había sentido atraído hacia ella por su independencia y ahora lo llamaba todo el tiempo. Le gustaba porque usaba vestidos sencillos y elegantes y aretes exorbitantes, pero últimamente "Te vistes como en los ochenta". Y lo peor, ya no tenía esa risa tan maravillosa. Por esas razones y más, John rompió con Sammy.

—Espera un momento, ¡yo creía que eso era lo que querías! —se lamentaba Sammy.

—No, lo que yo quería era la mujer que conocí y por lo que veo era una fachada —le contestó. Y aunque ella trató de convencerlo de lo contrario (hasta nos pidió a mí y a otros amigos que le dijéramos que la Sammy *real* era la que conoció al principio), el daño ya estaba hecho.

¿QUÉ ES LO QUE QUIERES?

Cuando operas en el Estilo de la Cabrona Interior para la Intimidad, no te engañas sobre lo que realmente quieres. Por lo tanto, tampoco engañas a la otra persona. ¿Quieres salir con esa persona o quieres una relación? (Vamos a ver en un minuto la diferencia entre una cita y una relación.) Cualquiera de las dos opciones es válida. Lo importante es que sepas lo que quieres y puedas decirlo.

Lo peligroso de no hacerlo me quedó muy claro una vez que estaba con un hombre con el que estaba saliendo y nos encontramos a otro hombre, con el que también salía, y me di cuenta de que los dos pensaban que eran el único en mi vida (y yo no había hecho nada por desalentar tal ilusión). Todos mis amigos lo sabían, sólo que yo no se lo había comunicado a ninguno de los dos hombres. Fue, no hace falta ni decirlo, vergonzoso. Sin mencionar el hecho de que los dos me dejaron como la famosa novia de pueblo. Lo que era totalmente comprensible, pero aún así...

El punto es que si no sabes lo que quieres, probablemente no vas a ser capaz de comunicar tus deseos. Las probabilidades de que esos deseos se cumplan bajan muchísimo, lo que a su vez lleva a la frustración, lo que a su vez lleva a... bueno, sólo vamos a decir que se puede poner feo.

El problema es que estamos entrenadas para creer que la intimidad se parece, de alguna forma, a la telepatía. Después de todo, se supone que las *almas gemelas* pueden leerse la mente uno al otro. Es un signo de amor real, y todo lo demás.

Tonterías

Muchas veces ni siquiera puedo leer mi propia mente, mucho menos la de alguien más. Esperar que alguien más ignore lo que hay dentro de su cabeza para que pueda pulir una idea fortuita que flota por la tuya es, simplemente, injusto. El Estilo de la Cabrona Interior para la Intimidad siempre es justo.

Así que te corresponde a ti saber lo que piensas, y de preferencia saberlo bien. Sin embargo, no es necesario que clasifiques tus datos interiores a propósito de tu afecto.

Soy partidaria de callarle cosas a mi pareja. Me he dado cuenta de que muchas veces me funciona mejor aclarar mis ideas con mis amigos y después darle una versión más condensada a él. Por ejemplo, hace poco me sentía un poco molesta y no sabía por qué, aunque estaba casi segura de que tenía que ver con él. Así que llamé a mi amiga Felicia (que me conoce casi mejor que yo misma) y le describí mis síntomas. Unas cuantas preguntas y observaciones de su parte y estaba lista para comunicarme con él.

No armé un pleito (que es lo que hubiera hecho en otros tiempos). No presenté evidencias, aunque tenía muchas; no hice acusaciones, no lloriqueé y no intenté provocar un sentimiento de culpa en mi pareja sólo porque se había pasado cada fin de semana, durante un mes, haciendo otras cosas en lugar de estar conmigo.

¿Qué hice? Le dije al Señor Demasiado Ocupado que sentía que él me tenía abandonada y que necesitaba que hiciera un esfuerzo por pasar algo de tiempo conmigo.

¿Funcionó? Sí. Ese mismo fin de semana me pidió que viera una carrera de Fórmula Uno con él (el hombre de mi vida adora los autos de carreras). Hasta hizo palomitas. Y pasamos un día entero yendo a ventas de garaje, una actividad que me encanta y que a él le aburre. Después salimos a cenar y al cine.

¿Siempre funciona? No. Sin embargo, el punto es que el Estilo de la Cabrona Interior para la Intimidad sólo funciona si dices claramente lo que tienes en mente. Ser clara no significa, necesariamente, que obtengas lo que quieres (habrá ocasiones en las que no). Pero debo admitir que cuando digo lo que pienso y le hago saber lo que quiero, por lo general lo consigo.

¿QUÉ ESTÁS DISPUESTA A HACER POR AMOR?

Sin rodeos, una relación requiere una cierta cantidad de compromiso. Sin embargo, es vital saber lo que estás y no estás dispuesta a hacer para tenerla, y esto tampoco acaba una vez que la relación sea estable.

Una amiga mía se depila las piernas muy contenta, otra vez, después de décadas de no hacerlo, pues a su marido le encanta tocar su suave piel, pero no está dispuesta a tener un tercer hijo por complacerlo. Otra amiga se mudó al otro extremo del país para estar con su novio, con un acuerdo de que la casa que compraran debía tener, por lo menos, dos habitaciones de huéspedes para sus seres queridos. Yo controlo deliberadamente mi impulso natural de invitar gente a última hora, pues sé que mi Paquete Completo tiene una mayor necesidad de soledad que yo (y se ha esforzado mucho por ser más sociable).

Las variaciones sobre el tema de los compromisos son muchas y únicas para cada relación. Seguir el Estilo de la Cabrona Interior para la Intimidad significa que debes ser absolutamente clara sobre cuán flexible puedes ser para complacer a tu compañero.

Pero no te pases. El compromiso en el Estilo de la Cabrona Interior para la Intimidad va en ambos sentidos. ¿En qué te conviertes si eres la única que se compromete? En un tapete. Es una pendiente resbaladiza y más de una mujer se ha deslizado hacia la intimidad tóxica mientras pensaba que sólo se estaba comprometiendo.

Esta es otra área donde es conveniente ESPERAr. Si te tomas el tiempo para pensar lo mucho que puedes y vas a hacer para que una relación funcione, tus oportunidades de éxito serán mayores.

Sylvia   por Nicole Hollander

"Estoy soltera porque
así nací."

Mae West

CAPÍTULO CINCO

VIVIR SOLTERA

A menos que pertenezcas a una cultura donde existan los matrimonios arreglados, el curso normal de las cosas es que estés soltera antes de entrar en una relación. Esto es bueno.

Aunque parezca una contradicción, el Estilo de la Cabrona Interior para la Intimidad se enriquece con la soltería. La simple verdad es que si no puedes intimar contigo misma, no tienes la más mínima oportunidad de poder intimar con alguien más. Después de todo, *íntimo* significa interior.

La soltería te prepara para comprometerte. Es una especie de pista de pruebas. Si puedes practicar el Estilo de la Cabrona Interior para la Intimidad cuando estás soltera, es más fácil aplicar lo que aprendiste cuando llega una relación.

¿Qué tal funciona? Muy bien. Piénsalo: cuando estás soltera tienes la oportunidad de enfocarte en ti misma. Lo que te da una buena oportunidad para:

- Saber quién eres.
- Saber lo que quieres.
- Saber cuánto puedes hacer y harías por el romance.

En un momento de mi soltería, llegué a un punto de desesperación completa sobre mis probabilidades de tener una buena relación algún día. Cada conversación que mantenía con mis amigos cercanos se convertía en un lamento de mi mala suerte en el amor. No es necesario decir que debió ser un poco aburrido para la gente que estaba a mi alrededor, pues de pronto empezó una ola de proyectos importantes y ligeros malestares entre mis amigos, que les impedían pasar tiempo conmigo. Finalmente, alguien me comentó algo al respecto. Algo parecido a: "¡Si tengo que escucharte hablar sobre esto un segundo más, alguien va a salir lastimado y no voy a ser yo! Estás soltera por alguna razón, así que descúbrela".

¿Soltera por alguna razón? Desde luego que estaba soltera por una razón: ¡tenía muy mala suerte en el amor! Sin embargo, mi amiga insinuó que tal vez estaba soltera para que pudiera pasar algo de tiempo conociéndome mejor.

Yo no quería conocerme mejor, yo quería conocer a alguien más; si era hombre, mucho mejor. Pero como no había una fila de hombres a mi puerta intentando entrar en mi vida (por lo menos ninguno que yo quisiera dejar entrar) y mis amigos me habían prohibido hablar de mi nula vida amorosa, no me quedó más alternativa que conocerme a mí misma.

Lo que, a pesar del hecho de que ya había sido yo por un tiempo razonable, no fue tan fácil como creía. En parte porque me había pasado tantos años enfocada en la forma en que me veían los demás, que en realidad no había meditado mucho sobre cómo me veía a mí misma; un síntoma clásico de lindura tóxica.

Imagina mi sorpresa cuando me di cuenta de que prefería enfocarme en cómo me veían los demás. Era mucho más fácil echar un vistazo a un reflejo mío, de lo que lo era verme completa. Por lo menos eso era lo que pensaba al principio. Pero después se hizo evidente que estaba gastando demasiada energía al tratar de comprender lo que otra gente veía de mí y ajustando mi conducta a sus expectativas. Era agotador llegar al final de un día normal.

¿Cómo lo detuve? No fue fácil. Tuve que empezar a darme cuenta de lo que realmente pasaba por mi mente. Cada vez que empezaba a imaginar lo que estaba pensando otra persona, me forzaba a regresar mi atención a lo que yo estaba pensando. Fue entonces cuando descubrí cómo ESPERAr. Una vez que entendí el truco, comencé a disfrutar conocerme. Me reía de mis propios chistes, disfrutaba mi visión medular sobre la situación mundial y me di cuenta de que hago un café nefasto. También me empecé a dar una idea de lo que en verdad quiero en una relación. Además de todo esto, mientras me conocía a mí misma un poco mejor y me gustaba más, mi criterio sobre compañeros románticos potenciales aumentaba exponencialmente. Seguía queriendo una relación, pero ya no estaba tan deseosa de conformarme con alguien que no fuera el hombre correcto para mí.

Sin embargo, mi batalla contra la lindura tóxica, cuya profundidad rivaliza con la del Gran Cañón, no había terminado.

Después de todo, estar soltera puede ser difícil algunas veces, especialmente porque estás bajo un bombardeo de imágenes idealizadas de unión y de felices-para-siempre difíciles de ignorar. Sobre todo cuando estás pasando por una escasez de atención sexual. O cuando acabas de dar por finalizada una relación. O durante las vacaciones.

Esas imágenes son difíciles de ignorar cuando estás en una relación. Cuando no estás en una relación, esas imágenes pueden ser completamente insoportables pues el mensaje que acecha bajo la superficie es el siguiente: "Si no tienes una relación, eres una fracasada".

Sin embargo, lo que hace que esas imágenes sean realmente difíciles de ignorar es que hay algo de verdad en ellas. Las relaciones le añaden un cierto encanto a nuestras vidas. Si no fuera así, no aguantaríamos los horrores de las citas (y no nos engañemos, las citas son horribles).

Lo que se pasa por alto en todas esas imágenes idealizadas es que las relaciones vienen con sus propios retos intrínsecos. Puede ser igual de difícil, si no es que más difícil, compartir tu vida con alguien, que estar sola.

Sin embargo, aunque es totalmente comprensible que te veas tentada a tomar acciones drásticas para hacer que se produzca una relación, no siempre esas acciones van a ser buenas para ti.

Aquí te expongo unas cuantas pautas para que esas temporadas en las que no estás con alguien sean lo suficientemente cómodas para rechazar el deseo de lanzarte a una refriega con el primer ser humano mínimamente aceptable que se te aparezca:

- Salir con tus amigos un viernes o sábado por la noche está muy bien, aunque todos vayan en parejas.
- También está bien quedarte en casa, si en verdad eso es lo que prefieres hacer.
- Compra muebles buenos en cuanto los puedas pagar. Entiendo, puede ser un poco peligroso: es más difícil fusionar dos mobiliarios domésticos (y estilos diferentes) que donar colchonetas y cartón a una obra de caridad. Pero, ¿no prefieres tener un colchón doble con funda de terciopelo ahora en vez de esperar a *algún día*?
- Pon nombres reales a tus mascotas, como "Charly". No sucumbas a la tentación de llamarles: "Bebé" o "Chico lindo".
- Antes de acostarte con alguien, pregúntate lo siguiente: "¿Me gustaría tomar un café con este hombre? ¿En público?"
- Nunca comas de pie delante de un refrigerador abierto.
- Nunca intentes cortar de las fotos a tus antiguos pretendientes después de que has roto con ellos. Ni siquiera si te ves fenomenal en una de ellas. No funciona y les vas a tener que explicar a todos por qué esas instantáneas están rasgadas.
- Los artefactos de pilas son tus amigos.
- Utiliza tus cosas hermosas todos los días: la plata buena, la vajilla que era de tu abuela, la ropa que te parece *demasiado elegante para usar a diario*. Esta es una regla práctica que siempre debes tener

en cuenta. Es importante que te trates bien, porque si no lo haces, ¿quién lo va a hacer por ti?

- Sí, está bien que cenes en el sillón enfrente del televisor, pero no todas las noches. Lo mismo aplica para las llamadas *comidas* de microondas: llamarlas comida no las convierte en ello.
- No tienes que esperar a que alguien te mande flores. Puedes comprártelas tú misma. Ayudas a tu amiga florista a mantenerse en el negocio; además, lo más probable es que cuando ya tengas una relación, el envío de flores dure demasiado poco.
- Esas colchas indias malolientes no son cortinas. A menos que en realidad las conviertas en cortinas con ayuda de la máquina de coser. Y aún así son una especie de remiendo.
- Enciende velas aromáticas y pon música en cuanto llegues a casa.
- Sin importar cuánto tiempo haya pasado, los hombres que ya están dentro de una relación no forman parte del juego limpio.
- Desde luego que debes salir de vacaciones.
- Vas a envejecer. No creas que alguien más va a establecerte una pensión de jubilación.
- No caigas en la desesperación, aunque todos tus amigos estén casados, tengan bebés o acaben de comprar una casa juntos. El matrimonio no es el fin y el todo de la vida. Si en verdad quieres tener hijos, puedes hacerlo. Lo mismo sucede con las casas. Ninguna de estas cosas es una razón suficiente para involucrarte con alguien que no sea correcto para ti.

Sylvia   por Nicole Hollander

Estoy un poco preocupada... Él contestó mi anuncio, pero no recuerdo cómo me describí a mi misma. ¿Debo reunirme con él en un sitio público?   **Diez.**

¿Diez? ¿Los diez mejores? ¿Significa que él es un diez? Tal vez deba hacer que él me lleve a un restaurante elegante... ¿Diez? Los diez mandamientos...

2-18

¿La lista de los diez mejores? ¿David Letterman? ¿Será Dave? Seguramente va a querer ir a un juego de basquetbol. Holgazán.   **Los diez más buscados.**

"La Cenicienta nos mintió.
Debería de haber
una clínica Betty Ford
en la que te
desprogramaran en
una silla eléctrica,
tocando 'Algún día mi
príncipe vendrá',
pegarte y repetirte:
'Nadie va a venir...' 'Nadie
va a venir...'
'Nadie va a venir.'"

Judy Carter

CAPÍTULO SEIS

LA OTRA PARTE (LOS HOMBRES)

"El Príncipe Encantador no va a venir porque está muy ocupado intentando salvarse él mismo". Eso dice una amiga mía, frecuentemente. Y se ríe cada vez. También su marido.

Desde luego, ella tiene razón. Y no sólo porque el Príncipe Encantador sea una creación de los cuentos de hadas. No; tiene razón porque el hecho es que aunque hayas encontrado a alguien con quien compartir tu vida, la simple verdad es que sigue siendo tu vida. Y depende de ti convertirla en esa fiesta rica y remunerativa que el tío Walt Disney y los cuentistas antiguos te hicieron creer que sólo sería posible si el hombre correcto llega y te despierta de tu sueño con un beso.

Esa sí es una cabronada, ¿no?

¿Qué tiene esto que ver con tu Cabrona Interior? Todo. El Estilo de la Cabrona Interior para la Intimidad te pide que tomes las riendas de tu vida; sin importar lo que pase. Casada, comprometida, al salir con dos hombres, tres hombres, ocho hombres, o hasta sin salir con ninguno. El quid de la cuestión es que tener un hombre en tu vida no va a resolver todo; lo cual ya sabías, pero merece volverse a mencionar.

Después de haber dicho lo anterior, vayamos al centro de la cuestión: los hombres. Aunque no sean el fin y el todo en la vida, los hombres son fascinantes como grupo e individualmente. Y no habría motivos para leer este libro si los hombres no fueran un tema de discusión.

Lo primero que hay que recordar sobre ellos es que:

LOS HOMBRES NO SON EL ENEMIGO

Hay una industria completa dedicada en cuerpo y alma a reforzar la premisa de que a los hombres hay que conquistarlos o por lo menos ser más listas que ellos. Esa industria está basada en una lista de reglas formales sobre compromiso que dejan en vergüenza las lecciones aprendidas en el colegio militar. También parece que los patrocinadores de esa idea creen que los hombres son, de hecho, un poco tontos e incapaces de darse cuenta de que los están manipulando. Lo que me parece una paradoja: si a los hombres se les puede manipular con tanta facilidad, ¿para qué necesitaría alguien las instrucciones de cómo hacerlo?

La realidad es que los hombres son, casi todos, personas. Por lo consiguiente, son individuos complejos que merecen, en la mayoría de los casos, ser tratados con respeto y con igualdad.

Sin embargo, parece haber algo de verdad en la teoría de que los hombres tienen un cableado diferente al de las mujeres. Por ejemplo, considera las diferentes respuestas a la pregunta "¿En qué estás pensando?"

Haz esta pregunta a cualquier mujer y la conversación resultante podría durar horas. En un mundo perfecto podrías mirar a tu amado, preguntarle lo que está pensando y obtener una respuesta.

Yo no vivo en un mundo perfecto.

Cuando conocí al Señor Taciturno, la única respuesta que obtenía a la pregunta "¿En qué estás pensando?" era una mirada llena de estupefacción y el silencio. Algo así como el legendario síndrome del venado que mira fijamente las luces de un coche.

Por lo general, ese silencio quedaba roto con un vago "Umm, en nada".

Como es natural, yo esperaba algo un poco más... verbal. O tal vez más revelador. Para ser totalmente honesta, esperaba que él dijera algo como: "Estaba pensando en lo afortunado que soy por haberte conocido". Después de todo, ¡eso es lo que yo estaba pensando! La verdad es que tan pronto como formulé la pregunta su mente se quedó en blanco. Tal vez podría haber estado pensando algo, pero en el momento en el que se le cuestionó lo que sucedía, dentro de su mente se detuvo el proceso por completo.

No obstante, está mejorando. Ahora me dice que está pensando que realmente prefiere la margarina. (Es una broma. Nadie prefiere la margarina.)

¿EN QUE ESTÁN PENSANDO?

Sé que es alucinante, y quizá políticamente incorrecto que yo lo diga, pero sin importar lo que queramos creer, la mayoría de los hombres sí piensan diferente que las mujeres. Las razones pueden ser sociales, pueden ser el resultado de métodos de crianza ridículamente anticuados, pueden estar arraigadas en nuestro pasado colectivo como cazadores y recolectores; francamente, no me interesa el porqué. Lo que me importa es lo siguiente: mientras las mujeres tenemos en mente doce pensamientos a la vez, los cuales están al alcance en un nanosegundo, parece ser que los hombres piensan en una forma más lineal.

Según los muchos hombres que conozco, aquí explico lo que pasa por la mente de un hombre en un periodo promedio de cinco minutos: "¿De dónde viene esa especie de silbido, del turbocargador o de la ventana del asiento trasero? ¿Regresarán los Dodgers alguna vez a Brooklyn? Sexo. El sexo es bueno. Tengo que preguntarle a Adam si su mamá sigue haciendo esa salsa para carnes tan rica. Mi mamá hace mejor los macarrones con queso, pero la salsa de su mamá... ¿Revisé el aceite? Algún día me gustaría escalar rocas. Tal vez mejor no escalar rocas, tal vez tirarme en paracaídas. Sexo. El sexo es bueno".

Desde luego que hay variaciones. Por ejemplo, si el hombre en cuestión es músico, va a haber alguna referencia musical. Sin embargo, lo importante es que la razón por la que la mayoría de los hombres no pueden responder a estas preguntas tan básicas es la siguiente:

en el momento en el que la mujer pregunta, lo que están pensando es algo completamente ridículo y ellos lo saben.

¿Es malo? Probablemente no. Simplemente es diferente. Lo que es parte de la razón por la cual nos gustan los hombres: son diferentes a nosotras. Es parte de su encanto.

¿Debe esto detenerte al preguntar: "En qué estás pensando"? No lo creo. Pero debes estar consciente, y dejar de esperar que tu compañero esté pensando en su relación justo en el momento en que le haces la pregunta.

¿Quiere decir que debes dejar de pensar y de hablar sobre tu relación? Yo creo que no.

Sin embargo, si sólo uno de ustedes está pensando en todo el asunto, existe un peligro claro y presente de que esa persona (la mujer, por lo general) se convierta en el policía de la relación. Lo que no es divertido para nadie. Ser el policía de la relación no es una opción atractiva, por más esfuerzo que hagas, y debe evitarse a cualquier costo.

"Claro", dices. "¿Y cómo va a suceder eso?"

Ya sabes la respuesta. **ESPERA.**

Para tener éxito en una relación hacen falta dos personas, lo que significa que los dos tienen que pensar en cómo hacerla funcionar. ¿Cómo haces que él piense? Bueno, realmente no puedes. Pero puedes mantener abiertas las líneas de comunicación y puedes plantear temas de conversación.

Sylvia   por Nicole Hollander

"Siempre he detestado
la creencia de que el sexo
es el lazo más fuerte entre
un hombre y una mujer.
La amistad es mucho
más humana."

Agnes Smedley

CAPÍTULO SIETE

LA FORMA COMO TRATA A LOS HOMBRES LA CABRONA INTERIOR

¿Cómo trata la Cabrona Interior a los hombres? Es una pregunta un poco engañosa, puesto que la Cabrona Interior trata a los hombres que ve como posibilidades románticas, en la misma forma que trata a los demás: es decir, con honestidad. Sencillamente, es más fácil hacerlo así. Sin embargo, es vital reconocer algunas verdades sobre el enfoque de los hombres hacia la vida.

Aparentemente, los hombres aman los retos. La teoría dice que éste es un hecho biológico básico, aunque no lo sé, pues reprobé biología básica. De acuerdo con algunas personas que parecen vivir en un mundo paralelo (ustedes saben quiénes son), esta información le da derecho a las mujeres a buscar relaciones con hombres que se comportan mal.

Así funciona en ese mundo paralelo: Si quieres conseguir un hombre, tienes que hacerte la difícil.

Hay variaciones infinitas sobre este tema: no se la pongas *fácil* a los hombres, se supone que los hombres deben de cambiar su agenda para adaptarse a ti, pero tú nunca hagas lo mismo por ellos; nunca pagues la mitad de la cuenta en una cita; no lo llames por teléfono, y lo más importante, casi nunca le regreses una llamada.

Conozco una palabra para esa clase de comportamiento: **¡GROSERO!**

Sin mencionar arcaico, poco ético, manipulador y... ¡grosero! De verdad, ¿qué piensan?

Este no es un comportamiento que aguantaríamos de otras personas, ¿o sí? Si un hombre te tratara así, no tendrías nada que estar haciendo con él, ¿verdad? (La única respuesta correcta para esta pregunta es: ¡VERDAD!) ¿Honestamente te gustaría ser grosera?

Yo creo que no.

Además, es mucho más fácil y más agradable ser amable. Después de todo, es una verdad fundamental que las personas se aproximan unas a otras por virtud de la atracción mutua; y el Estilo de la Cabrona Interior para la Intimidad está diseñado para hacer que la transición entre esa atracción inicial y el contacto real sea más sencilla y menos compleja.

Cuando conozcas a alguien hacia quien te sientas atraída, **ESPERA**. Más específicamente, piensa cómo quieres proceder. ¿Quieres jugar juegos contraproducentes como "Tal vez me gustas o tal vez no"? Aunque hay algo de cierto en la teoría que dice que necesitar a alguien desesperadamente y perseguirlo sin descanso no es la mejor manera de alimentar una relación, mantener junto al teléfono un cronómetro de los que se utilizan para hacer huevos tibios y negarte el placer de la compañía de alguien para parecer más deseable es, en una palabra, tonto. Ese tipo de comportamiento es un juego y no hay espacio para juegos en el Estilo de la Cabrona Interior para la Intimidad.

Aunque hay ciertos momentos en los que una relación puede parecerse a una partida de ajedrez (por ejemplo, cuando estás negociando las visitas a las respectivas familias en días festivos), manipular esa relación desde un principio es demasiado trabajo, sin mencionar que es prácticamente una receta para el desastre. Si tienes que manipular la relación desde el principio, ¿podrás relajarte alguna vez?

No. Te vas a ver forzada a continuar actuando misteriosamente, para asegurarte de mantener una apariencia de ambivalencia hacia el hombre que comparte tu vida, y nunca podrás usar esos pants rotos que le robaste a tu hermano y que son tan cómodos que no podrías soportar tirarlos a la basura. Lo que es peor, nunca podrías permitirte iniciar la relación sexual.

¿Es esa una forma de vivir? Yo creo que no.

Tiene que haber un punto intermedio entre la desesperación y la indiferencia. Ese punto intermedio se ve más claro si sigues el Estilo de la Cabrona Interior para la Intimidad. Dicho en palabras sencillas: ¿la Cabrona Interior espera a que la saquen a bailar? No. Si quieres bailar, díselo. Si él no quiere, baila con alguien más. Y me refiero a *bailar* metafóricamente, ¿entiendes?

¿QUÉ PASA CON EL HOMBRE INCORRECTO?

Ocurre forzosamente: conoces a un hombre deseoso de salir contigo, pero tú no compartes su entusiasmo. No es sólo un asunto de no estar terriblemente interesada, no estás interesada en lo más mínimo. ¿Cómo maneja esta situación la Cabrona Interior?

Desde luego que con amabilidad. No lo dejas a un lado, no piensas que puede ser una cita de reserva para emergencias, no lo alientas de ninguna forma. Esas tácticas nunca funcionan y muchas veces se vuelven en tu contra (recuerda a Scarlett O'Hara, que se casó con una serie de hombres incorrectos porque necesitaba tener un hombre, cualquier hombre. Y no podía tener a Ashley). Al final perdió al hombre correcto (¡Rhett, oh Rhett!) en un desenlace dramático que funcionó para la película, pero que sería una lástima en la vida real.

No, lo que debes hacer es ser franca sobre tu falta de interés. "Pero no quiero herir sus sentimientos", dices. A lo que yo contesto que intentar no herir los sentimientos de alguien es una pérdida de tiempo y de energía, cuando es inevitable que esa persona estará más herida cuando se entere de la verdad. Si eres amable tienes la oportunidad de iniciar una amistad con ese hombre.

¿Pero qué pasa cuando pudieras estar interesada? Después de todo, se sabe que se puede desarrollar interés por una persona después de que se le llega a conocer. No te preocupes, las cosas pueden cambiar. Si cambias de opinión después de que lo conozcas, sólo díselo.

Eso le pasó a mi amiga Ann. Varias veces. Ann es absolutamente magnética y aunque pueda parecer una exageración decir que tiene que ahuyentar a los hombres con un palo, es verdad que siempre lleva un bastón muy chic. Durante un tiempo, pareció que no pasaba una semana sin que tuviera que arreglárselas con un hombre prometiéndole devoción eterna.

Francamente, era enloquecedor.

Sin embargo, ella tenía talento para convertir a estos hombres en sus amigos. Buenos amigos, con quienes pasaba mucho tiempo. Y de vez en cuando se daba cuenta de que se estaba sintiendo atraída hacia un hombre al que había hecho su amigo. Después de todo, casi todos eran adorables. En especial Paul, quien escribía poesía y tenía una sonrisa ladeada. También estaba Tommy, que al principio parecía poco más que el típico macho pero poco a poco mostró un travieso sentido del humor. No quiero olvidarme de Jim, el corredor de bolsa, que tenía talento para la cocina y sabía escoger el vino perfecto.

Con el tiempo, Ann tuvo romances con todos ellos. Hasta se las arregló para que siguieran siendo sus amigos después de que los romances terminaron.

Lo que trae a colación la *sabiduría popular* que dice que los hombres y las mujeres no pueden ser amigos debido a la tensión sexual. Como decía mi abuela: tonterías. Yo tengo muchos amigos hombres y no he dormido con todos ellos. Tengo amigas lesbianas; el sexo tampoco ha sido una cuestión entre nosotras. Además, ¿qué importa un poco de tensión sexual entre amigos? Sólo significa que están conscientes de que uno y otro son seres sexuados.

Y nadie dice que tengas que hacer algo con esa tensión. Después de todo, no caer en la tentación es parte de ser un adulto.

EL AMOR NO ES UNA COMPETENCIA

Cuando ESPERAs, las cosas se desarrollan con naturalidad. Conoces a alguien que te gusta y a quien tú también le gustas. Eso les lleva a pasar tiempo juntos, lo que puede llevar a tener más encuentros o no. Lanzarte a un frenesí de actividades para poder decirle a un hombre "Estoy ocupada" e intentar disparar un instinto primitivo en él no es inteligente, es manipulador. Francamente, mandarte flores a ti misma con tarjetas con palabras ambiguas es una forma muy cara de parecer popular. Sin mencionar que es un poco patético.

Además, piensa esto: ¿cómo te sentirías si descubrieras que la persona con la que quieres tener una relación está calculando cada movimiento que lo lleva hacia ti? ¿Este comportamiento crea un ambiente de comodidad y seguridad? Yo creo que no. ¿Quieres que este tipo de energía se manifieste en tu vida? Yo creo que no.

Desde luego que si la intención es hacer estragos en tus sentimientos o en los de alguien más, hazlo. Hay muchos ejemplos de este tipo de comportamiento. Aquí va uno:

Una conocida mía se quería casar con el hombre con el que estaba saliendo. Hacían prácticamente todo juntos, desde ir al cine, recibir amigos, hasta salir de vacaciones. Pero él no le hacía *la pregunta* y no parecía que la fuera a hacer sin algo de ayuda. Así que le dijo lo que quería. Él no estaba listo para casarse, le gustaba la relación tal como estaba. Pero como ella realmente quería casarse con él, pensó que podía forzar un poco la situación. Y sabía lo que tenía que hacer.

Él había planeado una fiesta gigantesca para celebrar el décimo aniversario de su negocio: invitó a todos sus conocidos, contrató a un organizador, había tirado la casa por la ventana. El día de la fiesta, ella, sencillamente, no se presentó. Como es natural, él la llamó.

—¿A qué hora vas a llegar? —le preguntó—. Están empezando a llegar los invitados.

Ella tomó aire, cerró los ojos y le dijo: —No voy a ser tu anfitriona hasta que no prometas casarte conmigo.

Se podrán imaginar la respuesta. Él colgó el teléfono y no le volvió a hablar nunca más. Tres años después, se casó con otra persona.

¿Trágico, no?

En realidad no. Después de todo, ella hizo una cosa bien: le dijo a él lo que quería. Pero es obvio que no pensó bien las cosas. Él le dijo que no estaba listo para casarse. Bajo esas circunstancias, ella podría haber decidido seguir su camino y buscar a alguien que quisiera lo mismo que ella o pudo haber escogido darle más tiempo. En vez de eso, trató de manipularlo, de forzarlo a hacer algo que él no quería. Y no resultó de la forma que ella esperaba.

El amor no es una competencia. No se trata de ganar o perder; no se trata de hacer que el otro baile a tu ritmo; no se trata de un control de imagen o de obtener el regalo *perfecto* o de castigar a tu compañero cuando se está portando *mal*. Si lo que buscas es ese tipo de relación, este no es el libro adecuado.

DÉJALO SER

Está bien, si es verdad que el Estilo de la Cabrona Interior para la Intimidad no incluye manipulación, el siguiente paso lógico es que no te vas a involucrar con personas a las que quieras cambiar.

"Claro, para ti es fácil decirlo. Tú tienes el Paquete Completo", dirás. Eso es verdad. Pero que sea Completo no significa que sea perfecto. De hecho, a veces puede ser un pesado y algunas de las cosas que hace me enfurecen. Como cuando se levanta de la mesa durante una cena con amigos para revisar su correo electrónico. O su capacidad para dejar de hablar durante varios días (y me refiero a varios días). O como... bueno, ya entiendes. El punto es que no tengo derecho de dirigir su vida sólo porque pueda haber espacio para cambios.

Claro que digo cosas como: "Esperaba que te pusieras esa camisa azul esta noche" o cosas parecidas. (Por cierto, si te pide que le ayudes a escoger ropa nueva, eso no es intentar cambiarlo. Eso es ser amable.) Pero si te das cuenta de que estás haciendo notificaciones en vez de solicitudes, es que has entrado en el terreno de tratar de cambiarlo.

Sencillamente no va a funcionar. No vas a cambiar el comportamiento o los actos de un hombre, puesto que él ya está comprometido con ese comportamiento o esa acción. Y el compromiso fundamental es mayor y más poderoso que tú. Me refiero a cosas grandes: puedes amarlo, pero si él no quiere tener hijos y tú sí, nada va a cambiar eso (como tampoco las cosas que pueden tener una importancia secundaria, como su devoción por coleccionar sellos).

Sería ideal que hubiera algunas coincidencias entre lo que tú crees que es importante y lo que el hombre con el que tienes una relación cree que es importante: eso se llama compartir intereses. Pero las probabilidades de que dos personas compartan cada interés no son sólo dudosas, es hasta un poco espeluznante pensar en ello.

Por ejemplo, cuando mis amigos Barb y Jim llevaban dos años saliendo, ella decidió que él debería dejar de ir a su viaje anual al Lago Salado de Bonneville pues creía que su interés por romper el récord de velocidad en tierra era una tontería. Como es natural, Jim tenía un punto de vista diferente sobre esto.

Barb intentó varias tácticas para convencerlo de que no fuera: sugirió un largo fin de semana en un hotelito de Maine, le puso mala cara, trató de engatusarlo, le recordó que siempre regresaba con una horrible quemadura por el sol. Cierto día, Jim le dijo:

—Está bien, yo no voy a Bonneville si tú dejas de practicar kung-fu.

Barb llevaba años estudiando artes marciales y estaba a punto de presentar un examen para obtener la cinta marrón. No es necesario decir que Jim sigue yendo a su peregrinación anual a Utah.

Por fortuna, Barb se quedó a punto de decir la frasecita "Si en verdad me amas", que es lo último que diría cualquier mujer que está en contacto con su Cabrona Interior.

Sylvia   por Nicole Hollander

"¿Cuántas de ustedes
empezaron a salir
con alguien sólo
por ser demasiado
perezosas para cometer
suicidio?"

Judy Tenuta

CAPÍTULO OCHO

LAS CITAS

Para sacar el mejor provecho a las citas, tienes que entender lo que son y (lo más importante) lo que no son.

Las citas son:

- Recreativas. Cuando sales con alguien vas a cenar, vas al cine, pasas las tardes del fin de semana haciendo cosas divertidas... creo que entiendes.
- Una actividad de valor añadido. Lo que quiere decir que haces cosas que quieres hacer, vas a lugares a los que quieres ir, ves las películas que quieres ver o intentas algo que nunca harías sola. Además, si la compañía es buena, ya es ganancia. No estás haciendo esto sólo por salir con alguien.
- Casi siempre se planean por adelantado. Aunque no existe una regla que diga con cuánta anticipación se planea dicha cita, las mujeres que están

en contacto con su Cabrona Interior suelen estar bastante ocupadas. Por lo tanto, la planeación es esencial.

- Una misión de investigación. Es una oportunidad para llegar a conocer a alguien lo suficientemente bien para decidir si te gustaría desarrollar una relación con él o no.
- Educativas. Es probable que cada persona con la que salgas tenga algún elemento de tu compañero *ideal*. Las citas te ayudan a darte cuenta de cuáles de estas características son realmente importantes para ti, y pueden abrirte los ojos a otras.
- Una actividad pública. Lo que quiere decir que no tienen que estarse escondiendo para reunirse, aunque el chico tan atractivo del departamento de mercadotecnia diga que le gustaría tener las cosas calladas *durante un tiempo*.

Las citas no son:

- Estrictamente hormonales. Claro que puedes acostarte con alguien con quien estés saliendo, pero no puedes dejar que eso nuble tu juicio.
- Una relación. Las citas pueden llevarte a una relación, pero una o dos citas no son una relación.

¿Salir con alguien significa que dejes a un lado tu propia vida para pasar cada momento posible con un hombre, atrapada en una euforia que sólo puede terminar en tragedia? Yo creo que no.

De la misma manera, las citas no incluyen actividades como vender todas tus pertenencias e irte a vivir al otro extremo del país con él. De hecho, el Estilo de la

Cabrona Interior para la Intimidad excluye que empaques tus pertenencias y te vayas a vivir con alguien con quien estás saliendo. Esa es una actividad para una relación y hablaremos de ellas más adelante.

ETIQUETA PARA LAS CITAS

Hay algunas preguntas concernientes a las sutilezas sociales de las citas, que deben ser tratadas. A saber:

- ¿Quién debe dar el primer paso?
- ¿Quién invita a salir a quién?
- Llamadas telefónicas. ¿Quién las propicia? ¿Las regresas o no?

Las respuestas son sencillas: la persona que está más interesada da el primer paso; la persona que está más interesada invita a la otra a salir; la persona que piensa primero en llamar, llama, y la persona que encuentra un mensaje en su contestadora devuelve la llamada.

¿QUIÉN PAGA QUÉ?

Los pagos se manejan de una forma sencilla en el Estilo de la Cabrona Interior para la Intimidad: el que sugirió la cita, paga. Así que si tú le pediste que fuera contigo a un restaurante de cuatro estrellas, más te vale que puedas pagar la cuenta. Desde luego, existen hombres que se sienten amenazados por el éxito de una mujer y tal vez no se sientan cómodos si la mujer es la que pone el dinero. Aunque al principio esto no sea un problema, puede llegar a convertirse en uno.

Mi amiga Audrey es una abogada poderosa; está podrida en dinero. Además es muy generosa. Audrey estaba saliendo con un hombre que era una especie de artista. Marty pintaba. Casas, la mayoría de las veces; su *arte* consistía en lienzos embadurnados con sobras de distintos trabajos. En realidad sus obras no eran muy buenas; por una parte los colores eran algo extraños y el hecho de que pintara con brochas y no con pinceles impedía cualquier intento de sutileza. Nadie las compraba, excepto Audrey (así fue como se conocieron: en una exposición colectiva a la que ella asistió). Pero Marty seguía pintando. Y Audrey, siendo Audrey, trataba de apoyarlo.

En su caso, eso significaba comprarle cosas a él. Cosas costosas. Como suele tener que salir con sus clientes, le compró ropa a Marty para que luciera arreglado. Siempre llegaba a su estudio (una granja sin calefacción en la que él vivía todo el año) con el coche lleno de comestibles. Además, pagó unas vacaciones en Saint Bart el primer invierno en el que salieron.

Parecía que Marty apreciaba la generosidad de Audrey: le modelaba la ropa nueva y cocinaba comidas fabulosas con los alimentos que ella compraba. Sin mencionar la serie de cuadros que rendían homenaje a sus vacaciones (aunque eran un poco enigmáticos, debido a que su trabajo más reciente había sido pintar una casa de blanco). Pero Audrey juraba que las vastas extensiones de los lienzos lechosos capturaban tanto el clima gélido del que habían escapado como la cegadora blancura del sol y la arena de las islas.

—Me encanta la forma en que me cuidas —le decía él. Y a todo mundo le repetía que le encantaba cómo su relación redefinía el poder.

Hasta que Audrey le regaló un juego completo de pinturas al óleo y pinceles.

¡Se quedó lívido!

—¿Qué crees que soy, una prostituta? —le gritó—. ¿Crees que porque ganas más dinero que yo puedes dirigir mi vida?

Su ira no tenía límites; una cosa era que Audrey le comprara ropa y comida y otra, muy diferente, que siquiera intentara insinuar que a su arte le faltaba algo.

Con el tiempo, Marty confesó que el sueldo tan alto de Audrey siempre había sido un problema para él, pero se había negado a creer que podía ser tan superficial. A pesar de eso, la relación terminó. Además, el problema resultó ser no sólo de Marty. Después de un tiempo, Audrey admitió que, aunque Marty le gustaba mucho, le molestaba el hecho de tener que pagar todo.

—Me gusta ir a lugares buenos —explicaba—, y claro que puedo pagarlos, pero a veces es agradable que alguien te lleve.

Lo que no quiere decir que sólo debas salir con hombres que están a la par de ti o mejor en cuanto a las finanzas se refiere. Sólo significa que debes saber cómo se siente cada uno de ustedes sobre quién tiene el dinero. Porque el dinero sí importa, en especial cuando la relación se vuelve más profunda. Un hombre que no se va a sentir cómodo con que tú logres llegar a la cima del éxito, no te va a ayudar a llegar a lo más alto (donde hay más soledad). Por lo tanto, es probable que prefieras dejar a este hombre sólo como una cita y no intentar algo más profundo.

CITAS MALAS Y OTROS PESARES

La suposición más elemental es que salir con alguien es también una actividad placentera. En realidad no siempre es así.

Salir con alguien puede ser una tarea difícil e infructuosa, cargada de tensión y de momentos peligrosos que pueden herir lo más profundo de tu ser. Entonces, ¿qué debes hacer con una cita salida del infierno? Si estás practicando el Estilo de la Cabrona Interior para la Intimidad, es muy posible que por lo menos estés realizando una actividad que te interese de verdad. Pero si realmente es un verdadero desperdicio, lo sabrás al ESPERAr; y así también podrás liberarte de una situación muy desagradable.

Por ejemplo, en los primeros días de mis propias aventuras en el Estilo de la Cabrona Interior para la Intimidad, acepté una invitación para una cita a ciegas el día de Fin de Año, que arregló una amiga mía que siempre hace una fiesta fabulosa para esa fecha. Los dos estábamos invitados, así que parecía lógico salir a cenar antes de la reunión.

Las cosas no empezaron bien. Como la noche de Año Viejo suele ser una ocasión un poco más festiva que otras, me arreglé mucho: un vestido maravilloso, maquillaje y todo lo demás. (Tengo que decir que me veía muy bien.) Charlie llegó vestido con unos pantalones informales y una camiseta tipo polo. Admito que tuve el deseo momentáneo de subir las escaleras y ponerme algo más casual para estar más en sintonía, pero ESPERÉ y no lo hice.

La conversación igualó la disparidad de nuestra ropa: hablábamos sobre los mismos temas, pero no estábamos en la misma frecuencia. Para cuando nos sentamos a cenar en el restaurante, yo sabía que esta primera cita con Charlie probablemente sería la última. Varias veces me preguntó:

—¿Por qué no te has vuelto a casar?

En ese momento yo llevaba poco tiempo divorciada, por lo que cada vez murmuraba algo educado y cambiaba el curso de la conversación.

Pero Charlie no quería dejarlo pasar.

Por tercera o cuarta vez volvió a preguntar, esta vez añadió:

—No estaría mal que bajaras un poco de peso, pero de todas formas...

Mi Cabrona Interior peleó contra mi lindura tóxica durante unos treinta segundos. Esto es lo que estaba pensando:

Cabrona Interior: "Qué ofensivo. ¿Quién se cree, el Príncipe Encantador?"

Lindura tóxica: "Sólo sonríe".

Cabrona Interior: "No voy a sonreír. Esto es ridículo".

Lindura tóxica: "Probablemente sólo intenta ser amable. Dale una oportunidad".

Cabrona Interior: "¿Sabes algo? No creo que quiera pasar ni un momento más con este tipo. Me voy".

Bueno, eso fue todo. Estaba claro. Todo lo que había que hacer era agradecerle la cena y decirle que no creía que debiéramos continuar con la cita. Bajo esas circunstancias, decidí olvidarme también de la fiesta. Fui al teléfono y llamé a una amiga que boicotea la noche de

Fin de Año y permanecimos el resto de la velada en su casa viendo películas y pasándola muy bien.

En ese tiempo yo era nueva en el Estilo de la Cabrona Interior. Hoy, con más experiencia, tal vez habría ido a la fiesta. Después de todo ni era mi culpa ni culpa de Charlie que no fuéramos el uno para el otro. Lo importante es que no renuncié a mi poder; no me convertí en un tapete ni siquiera por esa noche.

A mi amigo Lenny le pasó algo similar en una primera cita. Lenny ha tomado a la Cabrona Interior como su guía para el romance y, tengo que decirlo, le sale muy bien lo de ESPERAr (¡También les funciona a los hombres!). Conoció a Cheryl y la invitó a comer. (A Lenny le gusta salir a comer en la primera cita pues una comida dura menos que una cena.)

En algún momento de la comida, ella hizo una observación poco halagadora.

—Sabes, tienes la mirada de un criminal —dijo.

Lenny se recargó en la silla y pensó durante un momento. Finalmente le preguntó:

—¿Por qué lo dices?

—Bueno, es que tus ojos son un poco oscuros y tienes las cejas muy pobladas —tartamudeó Cheryl.

—No, no, ya sé a qué te refieres, llevo años viéndome al espejo —contestó Lenny—. Lo que no entiendo es por qué me dijiste algo así.

Al principio, Cheryl no supo qué contestar, pero después le dijo a Lenny que lo había dicho porque estaba nerviosa. —Es que realmente no te conozco...

—Está bien —dijo Lenny—. Entiendo que estés nerviosa. Yo también lo estoy. Pero creo que lo que dijiste es

un poco ofensivo. Debo admitir que heriste mis sentimientos.

—Lo siento. Lo arruiné, ¿verdad? —dijo Cheryl.

Lenny pensó un poco más.

—No lo sé. Vamos a ver qué pasa durante el resto de
la comida.

Cheryl y él se recobraron lo suficiente de ese momento incómodo para llegar al postre. Pero Lenny no
quiso volver a salir con ella: "Lo pensé y me di cuenta de
que si podía decir algo así en nuestra primera cita, no
quería saber lo que diría durante nuestra primera pelea".
Tengo que reconocerle a Lenny que llamó a Cheryl para
decírselo porque: "Creí que tenía derecho a saberlo".

Sylvia   por Nicole Hollander

©1993 por Nicole Hollander

"Permíteme un momento,
voy a ponerme algo más
espectacular."

Slogan escrito en una camiseta

CAPÍTULO NUEVE

ENCUENTROS CERCANOS

Existe un punto intermedio entre las citas casuales y una relación madura, cuando ya pasaste de solamente ir a cenar pero todavía no has entrado en discusiones como: "¿Hacia dónde crees que va esta relación?" El Estilo de la Cabrona Interior para la Intimidad te puede ayudar a maniobrar a través de esta tierra de nadie, permitiéndote decidir la mejor manera de proceder.

Por ejemplo, ya llevas bastante tiempo saliendo con este hombre y se acerca un evento: una fiesta, una boda, una reunión familiar. Tu mamá y tu papá (o cualquier variación posible) van a venir al lugar en el que vives. ¿Lo llevas o ni siquiera se lo mencionas a ninguna de las partes involucradas?

Ya sabes qué hacer: ESPERA.

Tienes que tomar varias cosas en consideración mientras piensas: ¿cuánto tiempo hace que están saliendo? ¿Preferirías ir sola? ¿Estás segura de querer someter a este hombre a esa clase de escrutinio microscópico?

¿Estás pensando que sería bueno llegar, por fin, con un compromiso real en lugar de con tu amigo, el "Razonable Sustituto" (conocido en una era anterior como el "Acompañante Adecuado")? Ya sabes, el buen amigo, la buena persona que siempre te ha servido como una combinación de escudo humano, compañero de baile y conductor designado. Ese amigo tuyo que tiene su propio esmoquin y que no teme usarlo.

¿O estás pensando que ha llegado el momento en la relación en el que debe conocer a esos seres cercanos y queridos (o lejanos y queridos, o distantes y queridos, o distantes y criticones... lo que sea) porque es justo que él te conozca en este ambiente?

Es muy importante lo que piensas sobre esta situación. La primera opción huele a desesperación y a un arrogante deseo de probar, de una vez por todas, que no eres una perdedora incapaz de atrapar a un hombre. Y esta no es una buena razón para imponer a nadie versiones de canciones viejas tocadas por una orquesta para bodas o la ensalada en molde de gelatina de tu tía Lulú, sin importar cómo trates de justificarlo. Además, recuerda que si la relación no prospera le vas a tener que explicar a tu tía Lulú lo qué pasó con ¿cómo-se-llamaba?, mientras que querer que este hombre tenga la oportunidad de conocerte mejor es, bueno, un poco más razonable, ¿no te parece? Pues no lo estarás llevando sólo para echar un vistazo a tu vida real, también te permitirá ver cómo responde a esa información nueva. Lo que a su vez te ayudará a decidir si él es alguien con quien te gustaría intimar más.

"LO VOY A CONSEGUIR"

Estás en su casa. Suena el teléfono y él está en la regadera, tirando la basura, cambiándole el aceite a tu auto (lo que no tiene por qué ser un signo de que él piense que tú no eres competente para hacerlo). ¿Lo contestas?

Bueno, eso depende de muchos factores. Primero, ¿cuánto tiempo llevan saliendo? Si no han acordado no salir con otras personas, ¿te sentirías cómoda si fuera otra mujer? Si la situación fuera al revés, ¿te gustaría que él contestara tu teléfono? Este es un tema delicado al principio de una relación. Saca a flote los espectros de privacidad, familiaridad y decencia.

La mejor manera de manejarlo es decirle que el teléfono está sonando y preguntarle si debes contestarlo. Si dice "La contestadora está encendida", intenta no sucumbir a la tentación de escuchar el mensaje que deje la persona que está llamando.

Desde luego que si él fue a comprar algo para cenar o situaciones por el estilo, no le puedes preguntar ¿o sí? En cuyo caso debes dejar que la contestadora reciba la llamada. E intenta no sucumbir a la tentación de escuchar el mensaje que deje la persona que está llamando. Si la contestadora no está encendida, quienquiera que sea la persona que está llamando volverá a marcar.

ACCESO

¿Qué hay con las llaves de la casa del otro, códigos de las alarmas y cosas como esas? ESPERAr es vital en lo que se refiere a esos temas. Debes ser clara sobre todas las ramificaciones que conllevan. Después de todo, no creo que quieras que un hombre con el que sólo estás saliendo tenga acceso a tu hogar ¿o sí? Yo creo que no.

¿Qué pasa si él te da la llave de su casa para que puedas alimentar a su pececillo mientras está de vacaciones? Querida, si no fuiste de vacaciones con él, mejor regrésale esa llave en la primera oportunidad que tengas. Aunque sea un viaje al que no hubieras ido aunque te pagaran. Si te la devuelve, asegúrate de saber por qué.

HUSMEAR

No lo hagas. Husmear no deja nada bueno, aunque el deseo sea irresistible: por lo menos para mí. Créeme, de verdad que husmear no es una buena idea. En verdad. No es bueno. **Nunca**.

Cuando has husmeado alguna vez, lo sabes. Y tienes que admitir que lo sabes (lo que es vergonzoso, porque la única manera de saberlo es porque husmeaste) o andar por la vida sabiendo que lo sabes, y no poder dejar que él sepa que lo sabes.

Sin importar cómo lo justifiques, husmear no es una buena idea. Así que no lo hagas. Nunca.

COSITAS DULCES

No, no me refiero al sexo; eso en un capítulo aparte. Me refiero a regalos. El tema de los regalos no es sencillo.

Imagina lo siguiente:

Se conocieron hace tres semanas y se han visto cuatro veces. Y va a ser tu o su cumpleaños, Día del Amor, Navidad, Hanukkah... cualquier festividad. ¿Qué haces? La más elemental cortesía pide algún gesto de cortesía. Siempre he pensado que cuando tengo duda, una maceta con una planta es una buena idea. Tal vez un libro. Pero ten por seguro, especialmente en el caso del Día del Amor (una festividad demasiado artificial, sin importar cuál sea tu situación) que es mejor evitar todo aquello cargado de significado.

¿Y qué pasa si él te da un regalo que es puramente simbólico? En ese universo paralelo, cualquier cosa inferior al *regalo perfecto* es motivo para exiliarlo de inmediato de tu mundo. Sin embargo, en el mundo real sería muy injusto juzgar la valía de un compañero potencial por la clase de regalos que te da en esta etapa. ¿Te gustaría que se ejerciera esa clase de presión sobre tu elección de regalos si la situación fuera al revés?

Yo creo que no.

Esto es lo que me pasó en el primer cumpleaños que pasé con el Señor Romántico. Habíamos empezado a salir poco más de dos semanas antes de mi cumpleaños. Me preguntó qué quería; y como estaba en la agonía del enamoramiento inicial, le dije que lo único que quería era que me hiciera el amor el día entero. Desde luego, esperaba que él me comprara un regalito de cumpleaños. Basta con decir que lo único que recibí fue una tarjeta de felicitación, aunque también recibí lo que había pedido. Sin embargo, mis sentimientos quedaron un poco heridos.

Pasó el tiempo y llegó el 14 de febrero. Le di una tarjeta de felicitación y una caja de chocolates en forma de corazón. Él no me dio nada. Estaba destrozada y se lo dije. Al día siguiente llegó con dos almohadas de plumas, "para que las tengas en mi casa". Y en mi cumpleaños de ese año me regaló lo que siempre había querido, lo que naturalmente él sabía que yo quería, porque yo se lo había dicho.

En el universo paralelo, yo lo habría dejado después de ese primer cumpleaños. Lo que hubiera sido algo muy tonto y muy triste.

¿Pero qué hacer si él te da un regalo que en verdad no soportas? Una vez tuve un novio (bueno, más bien un marido) que parecía empecinado en darme el peor regalo imaginable en cada oportunidad. Si le decía exactamente lo que quería para mi cumpleaños o Navidad, me compraba cualquier cosa menos eso (lo que es sólo una parte del porqué ahora es mi ex marido). ¿Qué hacer si el hombre vale la pena, pero sus regalos no?

Si mi mamá estuviera escribiendo este libro, diría que sonrieras graciosamente, consideraras el gesto y lo cambiaras por algo que necesitaras. Pero esa no es la forma de proceder de la Cabrona Interior. Se lo tienes que decir, pero no le puedes decir algo como: "¿Qué diablos es esto? ¿Llamas a esto un regalo?" Qué te parece esta alternativa:

"Sabes, entiendo que darme un silbato para patos te pareciera una buena idea en ese momento. Pero, cariño, no cazo patos. Nunca he cazado patos y las posibilidades de que cace patos algún día son casi nulas. Así que la próxima vez que pienses comprarme un regalo, recuerda esta palabra: lencería".

Sylvia   por Nicole Hollander

AMOR DE OTRO PLANETA: ¿Puede una mujer de la Tierra encontrar el amor para toda la vida con un hombre que siempre llega un poco tarde?

Tengo una sorpresa maravillosa para ti.

Quedo sorprendida cada vez que te veo, labios dulces.

Me estaba enseñando dos boletos para el baile de inauguración y una diadema de zafiros en forma del Monumento a Washington. No me atreví a decirle que la inauguración ya había pasado. "Y espera a ver lo que te compré para el Día del Amor", me dijo con una gran sonrisa, sonrisa, sonrisa. Mi corazón se derritió.

2-15

"Te quiero no es una
pregunta."

Shelly Roberts

CAPÍTULO DIEZ

NEGOCIOS RIESGOSOS

Algunas veces salir con alguien te lleva a algo diferente, a algo más.

Puedes estar muy contenta y pensar que sólo estás saliendo con alguien, y de repente te cae encima un ladrillo llamado comprensión. Puede pasar en cualquier lugar: sentada en un restaurante fabuloso, cuando curioseas en una barata en tu tienda favorita, al entrar en tu clase de kick-boxing o cuando conoces a otro hombre que te parece atractivo. Justo en ese momento, mientras contemplas las posibilidades de ese nuevo hombre o mientras estás haciendo tus cosas, puedes de pronto darte cuenta: "¡Dios mío! Estoy en una relación", o si no: "¡Dios mío! ¡Estoy enamorada!" (Si en verdad te pasa durante una clase de artes marciales, te recomiendo que recuerdes ponerte en posición de defensa. Una cosa es que te golpee la comprensión y otra muy diferente que te golpee una patada voladora.)

Lo anterior puede hacer que te sientas vulnerable; y la verdad es que estás vulnerable. Aunque esto no tiene por qué ser malo, aunque estés funcionando en ESPE-RA. Mantenerte alerta sobre lo que estás pensando no significa que la respuesta no te asombre de vez en cuando. Muchas veces estás pensando que vas a ordenar una ensalada y acabas comiendo un fettuccini Alfredo.

Desde luego, el amor no es un fettuccini Alfredo, a pesar del hecho de que hay ciertos riesgos en consumir cualquiera de los dos. Si comes el segundo con dema-siada frecuencia, vas a aumentar de peso o vas a tener que pasar mucho tiempo haciendo ejercicio para que salga de tu cuerpo. No obstante, el amor es muy riesgoso: si te abres al amor puedes acabar lastimada. Y es muy natural y razonable que te dé miedo. Sin embargo, el estar en contacto con tu Cabrona Interior puede ayudarte a reducir los factores de riesgo. Cuando estás en contacto, sabes que necesitas apoyo en tu vida para poder tomar esos riesgos. Tú eliges y no niegas tus sentimientos.

Cuando el amor llega, siempre tienes la opción de aceptarlo o no.

ESTAR ENAMORADA: ES ALGO BUENO

Estar enamorada es algo bueno, a pesar de toda la mala publicidad que recibes muchas veces. Estar ena-morada hace que te sientas más contenta, añade un elemento de placer al día más normal, una canción a tu corazón, sol a la lluvia. (¡Ay, perdón! Recordaba una can-ción pop... no va a volver a ocurrir.)

Cuando ya te diste cuenta de que estás enamorada de alguien, es imperativo que seas clara sobre el tema.

Lo primero y más importante, contigo misma; pero también con la otra persona. Lo que nos lleva a la cuestión de *decirlo* en alto.

NO, NO; DESPUÉS DE TI

Hay mucho debate sobre este tema: se han dedicado kilómetros de papel a la cuestión de quién debe ser el primero en hacer una declaración de amor.

Queda claro que el Estilo de la Cabrona Interior para la Intimidad te pide que si tú estás segura de que es cierto, es tu responsabilidad decirlo.

Es una perspectiva aterradora, cargada de tensión y ansiedad. ¿Qué tal si tú dices "Te quiero" y él no responde igual? ¿Qué pasa si decírselo lo obliga a admitir que él no siente lo mismo? ¿Qué tal si hace algo atroz, como una mueca o sale disparado por la puerta sin decir una palabra? ¿O si sólo se da la vuelta y se duerme? (Justo lo que hizo mi novio la primera vez que le dije que lo amaba.) ¿Qué tal si estás equivocada y no lo amas en realidad, y decir la palabra con "A" te lanza precipitadamente en una espiral que desciende hacia el desastre?

¿Qué tal si él también te ama?

El fondo de la cuestión es: no lo vas a saber si no lo dices.

Por cierto, si estás equivocada y no estás enamorada de esta persona (aunque en verdad te gustaría estar enamorada de alguien), queda claro que no estás pensando con claridad.

Así que, ¿qué nos falta? Desde luego... el sexo.

Sylvia   por Nicole Hollander

"Las mujeres se quejan
sobre sexo con más
frecuencia que
los hombres. Sus quejas
entran de dos categorías
importantes:
1) No es suficiente.
2) Es demasiado."

Ann Landers

CAPÍTULO ONCE

BOCADOS
DELICIOSOS

ESPERAr es esencial en lo que se refiere al sexo, porque hay muy pocas probabilidades de que pienses con claridad durante el mismo. ¿Además, quién quiere pensar con claridad durante el sexo? Sería un poco contraproducente.

Pero es vital pensar con claridad SOBRE el sexo, porque cuando no piensas sobre el sexo antes de saltar (por decirlo de alguna manera), tiendes a cometer errores terribles. Como la vez que te acostaste con un hombre porque era más fácil que decirle que no. O aquella otra en que sabías que si lo hacías no lo volverías a ver, y no lo hiciste, hasta que apareció comprometido con la hermana de tu mejor amiga. Y recuerdas aquel chico que... bueno, mientras menos hablemos de él, mejor.

Un mito popular dice que los hombres *lo quieren* lo más pronto posible. Y es indudable que hay cierta verdad en ello: después de todo, el sexo es un impulso muy poderoso. Sin embargo, no vamos a pretender que las mujeres son inmunes a ese impulso. La mayoría de las veces *lo quieres* tanto como ellos.

Porque el sexo, como el chocolate, es algo maravilloso. Hay veces en que lo único importante es el sexo. En cuyo caso, la Cabrona Interior sabe que lo correcto es optar por el sexo. Sin embargo, debes estar alerta sobre lo que estás pensando en cada punto que te acerca a él.

A pesar del encanto que tiene el mito del rapto, no se gana mucho pretendiendo que no tenías otra opción más que acostarte con alguien.

Una vez intenté hacérselo creer a mi amiga Laura, pero no me creyó porque estaba en mi casa mientras me estaba vistiendo para una cita. Así que sabía que me había depilado las piernas, y que me pasé más de una hora decidiendo qué lencería usaría. No es necesario decir que no me dejó conservar la ilusión por mucho tiempo.

Si estás poniendo atención a tus pensamientos, va a ser difícil convencerte (o convencer a alguien más) de que acabaste en la cama con alguien por equivocación. Aunque es cierto que hacer el amor con alguien puede ser una equivocación, siempre hay un cierto grado de intención en llegar a ello.

Lo que está bien: no hay nada de malo en querer tener sexo. Pero es necesario tener claridad sobre el propósito. ¿Te estás acostando con este hombre porque es muy atractivo y la idea de no hacerlo es demasiado aterradora como para considerarla? ¿Es solamente cuestión de satisfacer un impulso natural? ¿O es hacer el amor, una expresión para lograr una mayor intimidad entre dos personas? La motivación importa, pero lo que más importa es que seas honesta contigo misma y con la otra parte.

EL PRIMER ENCUENTRO

El punto de inicio más común del sexo es el primer encuentro. Conoces a un hombre y te atrae algo sobre él: esos ojos increíbles, la forma en que se quita el pelo de la frente, esas mangas arremangadas que dejan ver un antebrazo musculoso, cierta despreocupación en su forma de caminar... de cualquier manera, algo que dispara esa pequeña señal. Naturalmente, en este punto tus ideas pueden ser un tanto primitivas: "¡Yo lo quiero y lo quiero ahora!" Bastante claro, me parece. Pero, ¿debes actuar conforme a esas ideas, en ese lugar y ese momento? Muy rara vez. No, esa señal es el primer paso que te lleva a conocer más sobre ese supuesto dechado de virtudes masculinas (y hay que reconocerlo, a primera vista, todos los hombres parecen un dechado de virtudes).

Aquí es donde necesitas ESPERAr. Sonó la alarma, todos tus sentidos trabajan a alta velocidad y es tiempo de que empieces a hacerte preguntas. No preguntas del tipo: "¿Qué nombre le pondremos a nuestro primer hijo?", o "¿Cómo me veo?"

No, necesitas hacerte preguntas que te beneficien: ¿Me recuerda a alguien? ¿Y eso es bueno? ¿Quién será la mujer con la que está? ¿Serán suyos esos niños? En otras palabras, necesitas acallar el sonoro estruendo de tus deseos y fantasías y recabar más información.

Lo ideal es que te lleve cierto tiempo recabar esa información y que durante el proceso recuerdes poner en orden tus ideas, para que cuando des el primer paso, los peligros ocultos sean mínimos y ya tengas una idea clara de dónde te estás metiendo.

YO CREO QUE SÍ

Está bien, el ambiente es el correcto, hay una buena iluminación, ya ESPERAste y decidiste que acostarte con ese hombre es una buena idea; además de que él hizo todas las cosas correctas. Cada fibra de tu cuerpo dice sí, sí, sí. ¡Claro que sí! ¿Qué debe hacer la Cabrona Interior entonces?

En las palabras inmortales de una cierta campaña de publicidad que tuvo bastante éxito: "Sólo hazlo". Después ya habrá tiempo para pensar.

ETIQUETA SEXUAL

Esta sección podría ser eterna, así que voy a simplificar las cosas:

- Sexo seguro: practícalo. Esto incluye saber su nombre completo y su dirección.
- Preservativos: asegúrate de tenerlos la primera vez, pero cuando ya hayas establecido una relación sexual, negocia los términos. Si tú pagas el costo de los anticonceptivos es justo que él pague los preservativos y otras cosillas.
- Juguetes sexuales: hasta cierto punto, este es un tema de sexo seguro. Después de todo, no creo que te quieras preguntar dónde más pudieron haber estado esos artículos, ¿o sí? Lo mejor que puedes hacer, desde donde lo veas, es comprarlos

juntos. Y sí, cuando la relación termine, deshazte de ellos.

- Sexo ruidoso: no lo consientas si estás: a) de visita con tus o sus padres; b) está algún compañero de cuarto en la casa; c) hay niños pequeños; o d) las paredes de tu apartamento son muy delgadas.
- Orgasmos: nunca finjas. No importa el porqué. Es un derroche absurdo de energía, especialmente si alguna vez quieres sentir uno.

Sylvia   por Nicole Hollander

"El amor es un juego
que se puede jugar entre
dos y ganar ambos."

Eva Gabor

CAPÍTULO DOCE

RELACIONES

En el Estilo de la Cabrona Interior para la Intimidad, las relaciones se parecen a las citas. Algo así como el parecido del nuevo Volkswagen Beetle al viejo Volkswagen. El Beetle se parece al antiguo, pero evolucionado.

Las relaciones:

- Son más que puro placer. Desde luego que van a seguir haciendo cosas juntos. Pero algunas de las que hagan van a cumplir dos propósitos: hacer cosas que hay que hacer (como pintar la sala) y pasar tiempo con tu persona favorita.
- Son confiables. No importa la forma en que se desarrolle una relación, es una parte de tu vida que te proporciona cierto nivel de seguridad.
- Son espontáneas por naturaleza. Después de todo, cuando estás segura de que la otra persona va a estar ahí...

- Se construyen sobre la base del conocimiento: aunque siempre puede haber sorpresas, básicamente sabes quién es la otra persona dentro de la relación.
- Se construyen con honestidad: no finges ser alguien que no eres.

¿Estar en una relación significa que tu vida gira alrededor de la otra persona? Yo creo que no.

¿Crees que por tener una relación, ésta va a durar para siempre? Yo creo que no.

¿Todas estas frases que suenan tan maduras significan que el Estilo de la Cabrona Interior para la Intimidad no es divertido? Yo creo que no. De hecho, uno de los grandes beneficios del Estilo de la Cabrona Interior para la Intimidad es que no estás ocupada fingiendo ser alguien más, así que puedes relajarte y disfrutar.

¡ESPERA! ¡ESTO ES GENIAL!

Ya quedó establecido que ESPERAr te puede ayudar a evitar trampas románticas. Pero, ¿adivina qué? ESPERAr también funciona cuando las cosas van bien. Es **s**ano **p**ensar, **e**xaminar, **r**eflexionar, **a**nalizar. Estoy pensando que realmente quiero a esta persona. Estoy pensando que mis necesidades están cubiertas. Estoy pensando que es divertido. ¡Estoy pensando que el sexo es maravilloso y que me gustaría tenerlo ahora!

RELACIÓN, SU CUIDADO Y ALIMENTACIÓN

Mantener la vigilancia cuando la relación va bien es igual de importante. Tal vez sea más importante, ya que las relaciones conllevan trabajo, y poner atención a lo que estás pensando cuando todo está bien te puede ayudar en esos momentos inevitables en que las cosas se ponen difíciles. Y las cosas siempre se ponen difíciles: es su naturaleza interior. Hay una razón para que exista el dicho "Esto también pasará". La frase no sólo aplica en una cena aburrida que parece interminable, *esto* también abarca ese sentimiento vertiginoso de bienestar que se siente al principio de una relación.

- Ya pasaron tres semanas desde la última vez que pasaste un día (o tan siquiera una o dos horas) de diversión a solas con el objeto de tu afecto. Mientras estás empezando a hacer un plan más que te aleja de tu compañero, **¡ESPERA!** Es importante el tiempo que pasas con tu familia y con tus amigos. Pero, ¡piensa! ¿Qué tu compañero no es tu amigo? ¿No crees que esa relación merece atención?

- Al principio había regalos. Nada enorme, sólo pequeñas muestras de tu afecto. Una postal, una o dos flores, una de esas linternas flexibles que se pueden enredar en cualquier cosa para que puedas tener las manos libres mientras cambias una llanta en un camino oscuro. Viste esas cosas, compraste esas cosas y se las diste a tu amado sólo para ver una sonrisa en su cara. Es muy probable que ya no lo hagas. La próxima vez que un regalito entre en tu conciencia, quizá debas ESPERAr. Si te parece el regalo perfecto, tal vez quieras comprarlo. Si es algo cuya belleza no entiendes, pero le encantaría a tu compañero, definitivamente cómpralo.

- Viernes por la noche. Fin de semana. Todo lo que se te antoja es llegar a casa, ponerte la ropa más cómoda (es decir, más andrajosa), encender el televisor y pedir que te envíen algo para cenar. Piensas: "¡Qué bueno que no tengo que salir a una cita!" Es posible que él también lo piense. Date cuenta. Es una de las cosas buenas de tener una relación.

- Viernes por la noche. Fin de semana. Todo lo que se te antoja es llegar a casa, ponerte la ropa más cómoda (es decir, más andrajosa), encender el televisor y pedir que te envíen algo para cenar. Piensas:"Me gustaría tener una cita. ¡Sería divertido salir!" Es posible que él también lo piense. Date cuenta. Es una de las cosas buenas de tener una relación.

¡Espera un segundo! ¡**Detente**! Esas dos últimas situaciones me parecen bastante parecidas. ¡De hecho, son totalmente iguales, excepto por el final! En realidad, son exactamente iguales. Toda relación va a tener diferencias y contradicciones: después de todo, hay seres humanos involucrados. Lo importante es que en ambos casos es importante ESPERAr. Porque si lo que estás pensando es "Quiero salir", pero no lo dices, vas a resentir que tu pareja no te sugiera una noche de diversión fuera (o alguna alternativa parecida).

Por el contrario, si lo que estás pensando es "Quiero comida china, en empaques desechables y con palillos chinos, para que nos la comamos en la cama mientras vemos una película", y él hizo reservaciones en el nuevo restaurante de moda de la ciudad... ¿necesito decir algo más? La parte importante de esas situaciones es: "Date cuenta".

ENFRENTARSE A LOS CONFLICTOS

Lo que nos lleva al tema de las peleas.

Sin importar lo gloriosa que sea una relación, en algún momento va a haber una pelea. O una discusión, desacuerdo, riña (llámale como quieras). La preocupación más importante es la diferencia entre peleas y peleas justas. Aunque ambas están basadas en un conflicto, la diferencia entre las dos es monumental.

Las peleas al estilo de la intimidad tóxica son algo así:

Carol hizo planes que incluyen a Norman. Decidió que el sábado va a ser el "Día de limpiar el jardín", para empezar a cultivarlo.

Lo que Carol no sabe es que Norman tiene sus propios planes para el sábado. Quedó de reunirse con sus amigos en un restaurante para ver el Gran Juego. El sábado por la mañana, Carol se levanta temprano, hace café y le lleva una taza a Norman (con quien lleva saliendo más de un año). Lo despierta, se toman el café y se las arreglan para hacer algunas otras cosas esenciales. Entonces Carol se vuelve a levantar y toma una ducha. Norman se vuelve a dormir.

—Despierta, cariño —le dice, mientras se viste—. Tenemos muchas cosas que hacer.

—Claro, hoy es el Gran Juego —murmura Norman—. Los chicos quedaron de estar allá al mediodía.

—¿Chicos? ¿Mediodía? ¿De qué estás hablando? —le contesta Carol.

Norman se lo explica y Carol se enfurece. Porque hasta donde ella sabe, se supone que Norman la va a ayudar a barrer, recoger e ir al tiradero de basura.

—¡Pero cariño, hoy es el Gran Juego! —se lamenta Norman.

—¡Está bien! —Carol se pasa un cepillo por el pelo, zapatea a través del pasillo y da un portazo al salir. Norman se queda sentado en la cama intentando saber qué acaba de suceder. Poco después decide salir a hablar con Carol.

—¿Querías que te ayudara con esto? —le pregunta a Carol, quien está barriendo las hojas con violencia.

—No, sólo vete a ver tu partido, o lo que sea —dice Carol con brusquedad mientras forma una pila con los desechos.

Norman está encantado:

—Está bien, después te llamo.

Como es natural, las cosas empeoran. Carol se pasa el resto del día en el jardín, barriendo, recogiendo y cortándose con las pequeñas espinas de los arbustos.

Por otra parte, Norman ve el juego con sus amigos, con la ilusión de que todo está bien. De hecho, en cierto momento del día, alaba las virtudes de su relación con Carol. "Fíjense, sólo piénsenlo. Ella está haciendo sus cosas, yo las mías, y todo está bien".

Pobre y engañado Norman.

Para cuando llamó a Carol, ella se había transformado en una Cabrona Psicótica Infernal.

—¡Me pasé todo el día en el jardín y se supone que ahora quieres que me ponga un traje bonito, me peine y me maquille para que podamos salir con tus amigos para hablar sobre un estúpido Gran Juego que ni me interesa, ni vi! No lo creo, amigo. Me voy a quedar en casa y voy a pedir una pizza.

–¡Perfecto! Pero para tu información hice reservaciones para dos en el Bistro Lah-Di-Dah. Pero si quieres pizza, ¡cómete una maldita pizza!

Norman vuelve a entrar al bar, pide otra ronda para él y para sus amigos (los cuales se van después de eso, porque todos tienen planes para esa noche, y dejan a Norman con dos opciones: quedarse en el bar o irse a casa y ordenar una maldita pizza para él).

Carol llama a una de sus amigas y le cuenta toda la historia, adornándola con otras cosas que Norman hizo la semana pasada. Después se mete a llorar a la regadera, se come una pizza con queso extra, entera, y cae, finalmente, en un estado que no guarda ninguna similitud con el sueño. Al día siguiente Norman y ella juegan el juego de: "¡Claro que no. No pienso llamar porque no fue mi culpa!"

¿Qué pasó? Tú y yo lo sabemos, pero, de todas formas, vamos a verlo por partes.

Carol esperaba que Norman la ayudara en el jardín. ¿Se lo dijo? No hasta el último minuto. Así que Norman pensó que estaba libre para algo que le interesaba. ¿Lo estaba? No en la mente de Carol. Y no es que Norman fuera una blanca paloma. Le otorgo que tal vez quiso sorprender a Carol con una cena romántica, pero no se lo avisó con la suficiente anticipación.

Este no es el Estilo de la Cabrona Interior. El Estilo de la Cabrona Interior es la pelea limpia. Estas son las reglas básicas:

- No expongas cada pequeña cosa que te ha molestado desde la última pelea. De todas formas, no va a ser necesario, porque el Estilo de la Cabrona

Interior para la Intimidad te pide que hables de esas cosas en el momento que surgen.

- Entiende qué es lo que realmente te tiene enojada. No creo que sea el hecho de que él se haya comido el último pedazo de pizza. No. Lo que te molestó es que él trajo completo a su equipo de futbol a comer pizza cuando tú querías una noche tranquila.

- Recuerda que tu compañero es alguien que te interesa y que es un adulto. Por lo tanto, quieres expresar tu enojo sin herirlo y sin caer en la dinámica de tratarlo como si fuera un niño malcriado.

- Debes entender los grados de enojo. Hay una diferencia entre estar furiosa y estar decepcionada, además de muchos puntos intermedios. La pelea debe corresponder a tu nivel de enojo. Así que si crees que estás colérica pero sólo estás furiosa, un pequeño alboroto podría convertirse en una batalla en forma sin darte cuenta.

- Comunica tu nivel real de enojo. Es justo que dejes que tu compañero sepa si estás molesta, enojada, muy enojada, muy, muy enojada, o tan enojada que estás viendo rojo, literalmente.

Todo lo anterior puede resumirse con una pequeña palabra: **ESPERA**.

En caso de conflicto, ESPERA puede utilizarse como acrónimo (**E**s **s**ano **p**ensar, **e**xaminar, **r**eflexionar, **a**nalizar) o literalmente: puedes esperar hasta que estés más calmada y con un sentido de perspectiva, para hablar sobre la situación.

Sylvia   por Nicole Hollander

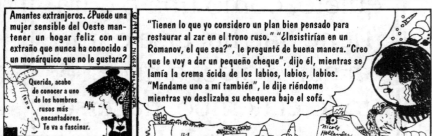

"El amor no está ahí,
quieto, como una piedra.
Tiene que hacerse como
el pan: volver a hacerse
todo el tiempo, hacerse
nuevamente."

Ursula K. Le Guin

CAPÍTULO TRECE

COHABITACIÓN

Llega un momento en toda relación en el que es necesario cambiar de rumbo. Y no me refiero a "Tan cierto es que ya no te quiero volver a ver, que me voy a mudar a otro continente", sino a "Quiero compartir contigo mi vida y todo mi espacio".

Definitivamente ese es un momento para ESPERAr. Después de todo, tienes que considerar tu mobiliario. Sin mencionar todo el tema de... bueno, hay muchas cosas que tomar en cuenta antes de hacer este tipo de compromisos. Sin importar cuáles sean tus circunstancias, irse a vivir juntos es un cambio mayúsculo en la relación. Es muy importante ser muy clara sobre lo que estás pensando.

Este es un pequeño cuestionario para ayudarte:

1. Tú:

   a) ¿Realmente quieres irte a vivir con él?
   b) ¿Crees que es tiempo de dejar la casa de tus padres?
   c) ¿Necesitas mudarte porque ya se acabó el contrato?

2. Tú:

   a) ¿Estás ansiosa por resolver todos los problemas que van a surgir una vez que estén viviendo juntos?
   b) ¿Esperas que compartir la morada resuelva todos los problemas de la relación?
   c) ¿Estás tan cansada de oír ladrar todo el día al perro de tu vecino que te mudarías adonde fuera?

3. Irse a vivir juntos va a:

   a) ¿Cambiar la relación?
   b) ¿Ahorrarte un montón de dinero cada mes?
   c) ¿Mostrar a tu ex novio que alguien está dispuesto a comprometerse contigo?

4. Quieren irse a vivir juntos porque:

   a) ¿A los dos les parece correcto hacer ese tipo de compromiso?
   b) ¡Por Dios! Él tiene un sauna.
   c) ¿Es el primer paso para lograr que se case contigo?

La única respuesta correcta a estas preguntas es a). Aunque desde luego que ahorrarte un montón de dinero cada mes puede ser una ventaja.

Por cierto, mudarte para lograr "que él se case contigo" está totalmente fuera de lugar.

ESE ES MI CLÓSET

Después de pensar mucho en ello, tú y tu amado deciden que lo correcto es irse a vivir juntos. Ahora empieza la parte difícil.

Primero que nada, ¿a casa de quién se van a vivir? Lo ideal sería que todas las parejas que se van a vivir juntas, pudieran establecerse en un espacio neutral. De esa forma ninguno estaría en la posición de reemplazar a un ocupante anterior (hablaremos más sobre esta situación).

Sin embargo, en la mayoría de los casos, la pregunta es: "¿Tu casa o la mía?" Algunas veces la respuesta es muy obvia: por ejemplo, meter a dos personas en un pequeño departamento tipo estudio es buscar problemas. En especial cuando el otro hogar en cuestión tiene alberca cubierta y una estufa de ocho quemadores (¡Puede suceder!). Pero hay algunas veces en que es un poco más complicado. Por lo tanto, lo mejor es sopesar las opciones.

Es muy fácil examinar las ventajas y desventajas de la mayoría de las moradas. Una tiene una cocina preciosa, pero no tiene jardín; la otra tiene techos altos, pero unas cuentas altísimas de calefacción. Sin importar cómo sean, si dos personas tienen hogares cómodos, no va a ser fácil que ninguna de las dos quiera dejar el suyo. Así que empiezan las negociaciones.

Casi nunca se necesitan mediadores en este proceso.

Capítulo trece

ES CUESTIÓN DE ESTILO

La mayoría de las personas tienen una opinión sobre cómo quieren que se vea su hogar. Después de todo, es una expresión individual, ¿no? Lo cual puede crear algunos problemas cuando decides mudarte con tu amado: son dos personas diferentes, así que lo más probable es que tengan ideas diferentes en temas como muebles y combinaciones de colores. Otra cosa que puede traer complicaciones es que probablemente tengas algunos muebles a los que les tengas cariño. Y es de esperarse que él también.

Obviamente, se debe tocar el tema antes de que el camión de la mudanza esté cargado. A menos que tengas la suerte de tener dos salas, dos comedores y múltiples habitaciones, las cosas de alguno van a tener que irse. Así que continúan las negociaciones.

Cuando el Señor Doméstico y yo empezamos a hablar sobre cómo fusionar nuestros hogares, cada uno teníamos una lista de exigencias (bueno... está bien, cada uno teníamos una lista de pertenencias). Algunas no eran negociables: nuestros respectivos equipos de oficina, mis reliquias familiares, sus reliquias familiares; mi colección de arte; sus partes de automóviles; todos los utensilios de cocina que había acumulado durante años; sus partes de automóviles; mi ropa; sus partes de automóviles.

Después estaba lo negociable: platos (a mí me gustan blancos y lisos y a él le gustan los que compró; mejor no hablar de ellos), colchones (la roca que él insistía era cómoda, o el perfecto para mí); libros y discos (¿de verdad necesitamos dos "Grandes éxitos de José José"? ¿Y por qué tendrá él ese disco?). Ya saben, cosas.

Nos tomó meses ocuparnos de los detalles, pero lo logramos. Medimos espacios y objetos; discutimos sobre si un mueble era realmente atractivo o sólo resultaba familiar; hasta decidimos que había algunas cosas con las que tendríamos que vivir hasta que encontráramos un reemplazo de mutuo acuerdo. Y acordamos seguir en desacuerdo sobre los platos y el colchón.

La velocidad a la que se hizo la mudanza sólo puede ser descrita como glacial, hecha a pasos diseñados para facilitar la transición. Después de todo, me mudé a la casa en la que había vivido el Paquete Completo, solo, durante más de diez años. Y para ser honesta, no todo fue tranquilo: sin entrar en detalles, hubo algunos *incidentes*.

Está bien, quieren detalles. Bueno. Supongo que es justo.

Por ejemplo, para ayudarle en el proceso de dejar espacio para mis cosas, empaqué el contenido de sus estanterías para libros. De todas ellas. Cuando él no estaba en casa. (¡Oye!, nunca dije que fuera perfecta.) No es necesario decir que al descubrir mi admitida intrusión, el Paquete Completo pidió que yo regresara dichos contenidos a sus estanterías. Y me señaló que probablemente no me gustaría si él hubiera hecho algo parecido con mis cosas.

También hubo innumerables referencias a la cantidad de mis pertenencias. "Hmmm", decía. "Mira que tienes cosas".

"Sí", contestaba yo. "¿Estás haciendo una observación o tienes algún problema con la cantidad de cosas que tengo?"

"Sólo era un comentario", decía él. "¿Y qué es todo eso?" Yo le daba un informe detallado de lo que fuera *eso*. "¿Y para qué, exactamente, necesitas todo eso?"

Tengo que confesar que aproximadamente la tercera vez que surgió esta conversación, yo ya estaba un poco impaciente con todo el proceso. Así que le respondí en una forma poco considerada: "Necesito mis cosas porque son mis cosas, por eso las necesito. ¿Te parece bien si hacemos un inventario de todas tus cosas mientras estamos aquí pasando un rato, cariño?"

Como ya dije, no soy perfecta. Ni tampoco él. Pero nadie dijo que el Estilo de la Cabrona Interior para la Intimidad fuera a ser un lecho de rosas todos los días, ¿o sí?

EL INQUILINO ANTERIOR

A menos que ambas personas en la relación sean menores de, vamos a decir, veinticinco, lo más probable es que uno de ustedes se mude a un hogar que solía estar compartido con otra persona.

Esta es una situación que requiere una sensibilidad extrema de cualquiera de las partes.

Hay unas sencillas reglas que pueden facilitar la transición.

- Si alguien más durmió en él, compra un nuevo juego de box spring y colchón. Aunque ese prácticamente esté nuevo. Lo mismo va para las sábanas (a menos que sean de algodón egipcio de 360 hilos).
- Recuerda que cualquier decoración semipermanente probablemente fuera una decisión conjunta

(por lo menos hasta cierto punto). Por lo tanto, es más delicado (y efectivo) sugerir un cambio con mucha suavidad, que dando una orden. (No obstante, es totalmente razonable eliminar cosas, como huellas de manos en la pared que está sobre la cama que no pertenezcan a alguno de ustedes dos.)

- Sin importar lo que pase, si él se está mudando a tu espacio, no digas cosas como: "Tal vez pueda convencer a mi ex de que te cambie su armario por el tuyo, porque el suyo combina con los muebles de la recámara". Aunque tiene sentido que quieras tener un estilo coherente de muebles, es muy probable que haya algún tipo de malentendido.
- Recuerda, este no es momento para dejar de ESPERAr.

Sylvia   por Nicole Hollander

"Cada amigo representa
un mundo en nuestro
interior, un mundo
que posiblemente
no nazca hasta que ellos
lleguen, y sólo por
medio de este
encuentro nace
un nuevo mundo."

Anaïs Nin

CAPÍTULO CATORCE

OTRAS RELACIONES

Cada experto en el campo de las dinámicas interpersonales está convencido de que mantener contacto con tus amigos aumenta las posibilidades de que una relación dure más. ¿Quién soy yo para discutir? Además, mi experiencia dice que es cierto. Los amigos te apoyan, te nutren y te conocen de formas que tu amante no puede.

Seguro, seguro, todos dicen que su ser amado es su mejor amigo, pero déjame hacerte esta sencilla pregunta: ¿tu amado ha ido alguna vez a comprar trajes de baño contigo? Claro que no (quién querría que lo hiciera, además de las ocho supermodelos a las que supuestamente todas nos parecemos). No, para eso necesitas a tus amigos, porque ellos en verdad entienden que es la iluminación lo que crea ese espectro aterrorizante que se refleja en ese espejo de casa de la risa: no los incontables pedazos de pastel de chocolate "sólo por esta vez".

Pero también necesitas amigos para mantener un balance en tu vida. Necesitas amigos para que te recuerden que, aunque tu relación mejora tu vida, no es la suma y la sustancia de ella. Necesitas amigos porque de otro modo estarías muy aburrida, ¿no te parece?

AHORA, HONESTAMENTE...

Lo más importante, necesitas amigos porque ellos te mantienen honesta. Porque los amigos (reales, verdaderos, como hermanos) son testigos de tu vida y aunque quieras engañarte haciéndote creer a ti misma que no estás cayendo en la lindura tóxica, ellos sencillamente no te dejan hacerlo.

Después de todo, los amigos en tu vida sirven para un propósito para el que tu amado no: es decir, puedes hablar sobre tu amado con tus amigos. Lo que te da una oportunidad para obtener claridad y perspectiva sobre una persona cuya simple existencia puede nublar tu juicio. Porque hay muchas probabilidades de que tus amigos, aunque sean capaces de apreciar sus cualidades positivas, no estén tan apasionados como tú con ese hombre. Ellos te ayudan a ESPERAr.

Mi amiga Jean empezó a salir con Dave, que era muy lindo y buena gente, pero que tenía una tendencia desconcertante a hacer comentarios mordaces sobre ella frente a otras personas. Cuando esto sucedía, Jean (que normalmente es una de las personas más seguras que conozco) soltaba una risita tonta, aunque todos los que estaban a su alrededor se daban cuenta de que estaba herida. Había algo en la forma en que brillaban sus ojos y en el profundo rubor que aparecía en el nacimiento de su pelo cada vez que él le lanzaba alguna observación mordaz, que delataba sus sentimientos reales.

Como es natural, una noche esta conducta se convirtió en tema de conversación.

"Claro que tiene unos ojos azules increíbles. Y sus hoyuelos son sencillamente irresistibles", dijo Elaine, nuestra amiga común. "Pero, ¿por qué esas burlas?" Si estás siguiendo el Estilo de la Cabrona Interior para la Intimidad, prestarás atención a preguntas como esas.

Sin embargo, Jean estaba deslizándose por la pendiente de la lindura tóxica. "Sólo está bromeando", contestó alegremente. "Es su manera de mostrar afecto, o algo así."

Cuando le señalamos que hacerla menos no era nada afectuoso, que era ruin, Jean empezó a defender a Dave: no le gustaban las muestras públicas de afecto, veía esos comentarios como una forma de demostrar lo bien que la conocía, en su familia todos eran fríos con los demás, bla, bla, bla. Pero cuando dijo: "¡Es que no lo entienden!", hasta Jean sabía que se estaba engañando. Definitivamente era momento de ESPERAr.

Después de considerar lo que estaba pensando, le dijo a Dave que no iba a tolerar que siguiera haciendo comentarios desagradables sobre ella. "Ya no me voy a reír de mí", le dijo. "Yo te trato con respeto y espero lo mismo de ti." Le prometió que cada vez que hiciera un comentario desagradable sobre ella, se iría, sin importar dónde estuvieran. E hizo justo eso, la vez más notable, durante una cena con un cliente de él. Jean lo hizo con mucha tranquilidad, sólo se excusó y fue al tocador por unos minutos. Cuando regresó a la mesa, Dave recordó mencionar lo guapa que se veía esa noche.

Los comentarios mordaces de Dave pararon, aunque tomó algo de tiempo. Hasta llegó a darse cuenta de que le parecían aceptables algunas pequeñas muestras de afecto (como una pequeña palmada en la espalda o rozar su mano contra la de ella) cuando él y Jean estaban entre amigos.

EL REVERSO DE LA MONEDA

Los amigos también pueden ayudarte señalándote tu propia... este... ¿Cómo lo digo? Está bien, vamos a llamarla por su nombre: mala conducta. Después de todo, los hombres no son los únicos en recrearse en una conducta infantil, maleducada, malcriada y rencorosa. Y hasta las que estamos en contacto con nuestra Cabrona Interior, de vez en cuando caemos en las redes de los berrinches y actitudes parecidas.

Recuerdo una vez, justo antes de mudarnos juntos, cuando el Señor Industrioso decidió organizar sus archivos en lugar de asistir conmigo a una fiesta de mi amiga Teresa. No me importó que lo estuviera haciendo para despejar la habitación que iba a ser mi despacho: estaba furiosa, y creí que estaba totalmente justificado expresar en voz alta su atroz falta de juicio.

"Mira, esto me va a tomar por lo menos un día completo y este es el único momento que tengo para hacerlo", intentó razonar conmigo.

Pero yo no quería escuchar razones y después de un monólogo largo y emotivo sobre sentirme ignorada y no ser tomada en cuenta, salí de la casa y me fui a la fiesta. Como era natural, en el momento en que Teresa me preguntó por él, acepté la oportunidad de entretenerla con los detalles sórdidos.

"A ver, vamos a poner las cosas en orden", me dijo. "Está utilizando su día libre para hacerte espacio para tus cosas y, según tú, esta es la prueba de que no te toma en cuenta." Los hechos eran ciertos, pero no exactamente precisos. "Entonces explícamelo otra vez, porque no estoy entendiendo nada", contestó Teresa.

Naturalmente, mientras más trataba de explicárselo, menos razonable parecía mi punto de vista. Y aunque me resistí a su sugerencia de que: a) le debía una disculpa a mi compañero, y b) tal vez estuviera nerviosa por la mudanza, Teresa tenía la razón, sobre las dos cosas.

Teresa tuvo la cortesía de no escuchar cuando lo llamé por teléfono.

TUS COMPAÑÍAS

Desde luego que el papel de los amigos no se limita a ser la policía de tu conducta. Es importante recordar que pasar tiempo con tus amigos, como pareja e individualmente, añade un elemento esencial a tu vida: la diversión. Divertirse con los amigos ayuda a crear una relación más completa.

Sin mencionar el hecho de que no tener una vida social fuera de ustedes dos, es estar buscando problemas.

Los champiñones crecen en el aislamiento y la oscuridad, las relaciones no. ¿Pero qué pasa cuando no te gustan sus amigos, o a él los tuyos? O la antipatía es al revés y es a los amigos a quienes no les gusta el ser amado. Como dijo un gran sabio: "¡Peligro, peligro, Will Robinson!" Esta sería otra oportunidad para practicar la ESPERA. Si es cierto que se puede juzgar a una persona por sus compañías, entonces debes prestar atención a las razones escondidas bajo este desagrado. ¿Siente a tus amigos amenazantes de alguna manera? ¿Crees que sus amigos son poco más que niños sobrecrecidos que necesitan dosis largas de aumento de conciencia? ¿O será que no hay cosas en común entre los amigos en cuestión y la persona que tiene el problema? No importa en lo que se base el desagrado, presta atención. Porque hay un trecho muy corto entre que no le gusten tus amigos y que no le gustes tú.

Mary salió con un hombre que parecía haberse enamorado locamente de ella en muy poco tiempo. Ella no podía esperar para presentárselo a sus amigos. Pero parecía que él no tenía ninguna prisa por conocerlos.

"Me gustas tanto, que quiero dedicar todos los minutos a estar a solas contigo", le decía Matt. Lo que al principio sonaba muy romántico. Y Mary participaba de muy buena voluntad en este maratón de *soledad*, que consistía principalmente en una asombrosa cantidad de sexo. Sin embargo, en algún momento lograron salir a tomar aire durante el tiempo suficiente para poder ir a cenar con los amigos de ella.

Fue horrible. Bueno, nadie le tiró encima la bebida a nadie, no hubo ningún incidente de alguien que se fuera furioso de la mesa, hasta compartieron los postres entre todos. Pero Mary sabía, gracias a la sensación de opresión continua en su estómago. Y al hecho de que en un viaje de reconocimiento al tocador, nos preguntó a Gloria y a mí lo que pensábamos y se lo dijimos: "Es lindo, ¿pero siempre es así de aburrido? Tal vez esté cohibido, pero lo único que sale de su boca son suspiros".

"Lo odian", nos dijo Mary.

"No, no. ¿Cómo podemos odiar a alguien que casi no nos ha dirigido la palabra?" La respuesta a esto era: "Es fácil, en realidad", pero estábamos intentando ser diplomáticas.

"¡Por Dios!, la cena fue interminable. Me urgía irme de ahí y meterte en la cama", le dijo a Mary en el coche camino a casa, mientras le apretaba el muslo. "¿Por qué tus amigos son tan aburridos? Tú pareces tan inteligente y pensé que tus amigos serían como tú."

Esto era extraño, porque la mayoría de los amigos que acababa de conocer eran gente muy interesante. Lo que era aún más extraño, en vista del tiempo que Matt y Mary habían pasado enzarzados en cualquier cosa menos en hablar, era la idea de que Matt se pudiera haber formado alguna impresión sobre las capacidades intelectuales de Mary.

Siendo la intimidad tóxica lo que es, Mary intentó ignorar la señal de alerta roja que parpadeaba en su cerebro. Pero ya era demasiado tarde porque ella ya estaba muy avanzada en el proceso de ponerse en contacto con su Cabrona Interior. Así que le preguntó a Matt qué era, exactamente, lo que quería decir.

"Sólo quise decir que esperaba que tus amigos fueran dignos de ti. Después de todo, tú eres maravillosa."

Mary le dijo que sus amigos tampoco estaban encantados con él, puesto que casi no había hablado en toda la noche.

"Están celosos", dijo Matt. Lo que pudo haber sido cierto en parte (algunos de estos amigos tenían problemas en sus relaciones o estaban en la bruma de largos periodos sin romances). Pero los celos no eran todo y Mary sabía que ese desagrado mutuo iba a hacer que alguien (probablemente ella) se sintiera muy incómodo después de un tiempo. En algún momento ella se iba a sentir como si tuviera que escoger entre Matt y sus amigos, aunque esa selección sólo fuera sobre qué hacer el sábado por la noche.

Y todos sabemos lo que sucede cuando obligas a alguien a escoger entre sus amigos o tú: cualquier opción es incorrecta.

Como Mary era Mary, no dejó de ver a Matt, pero de cierta forma lo colocó en la categoría de compañero de juegos. No es necesario decir que no duró mucho.

LA FAMILIA IMPORTA

Desde luego que tú puedes escoger a tus amigos, pero no puedes escoger a tu familia. Y él tampoco.

Intenta recordarlo. En especial si no te gusta algún miembro, o todos los miembros, de su familia. No pienso entrar en el debate de *herencia* o *ambiente*, pero parece bastante cierto que la familia tiene cierta influencia sobre la persona en la que uno se convierte. Por lo tanto, si lo amas, es muy probable que su padre y su madre o sus hermanas y hermanos tengan algunas cualidades que los salven. En el Estilo de la Cabrona Interior para la Intimidad, depende de ti tenerlo en cuenta y tratar de descubrir dichas cualidades.

En un área relacionada, cualquier cosa que su madre esté haciendo en respuesta a que ustedes dos tengan una relación, probablemente no es culpa de él. Después de todo, ¿cuánta influencia tienes sobre la conducta de tu madre?

Sin embargo, cualquier hijo que alguno de ustedes pueda tener no es el punto.

Si tienen hijos juntos, en algún momento se van a dar cuenta de que ser padres se convirtió en el punto focal de su relación. Y aunque lo adecuado es que se tomen la paternidad muy en serio, también tienen que recordar continuar alimentando su romance. Como dice mi amiga Bárbara: "Es importante tomarse el tiempo para recordar por qué quise formar una familia con este hombre".

TODO INCLUIDO

¿Qué pasa si los niños en cuestión pertenecen a una relación anterior? Aunque siempre existe la tentación de querer pretender que no había vida antes de que esta relación empezara, desearlo no lo hace cierto. Después de todo, seguir el Estilo de la Cabrona Interior para la Intimidad significa vivir la realidad.

Lo que significa que tienes que aceptar que aunque ambos pueden terminar una relación romántica y entrar en otra, ningún padre termina una relación con un hijo. Así que lo mejor sería que te gustaran sus hijos. Si no es así, debes ESPERAr. ¿Estás intentando desarrollar una relación funcional con estos niños por el bien de la relación? ¿O estás pensando que van a desaparecer como por arte de magia? Déjame decirte que **no desaparecen**.

Si a él no le gustan tus hijos, en verdad debes ESPE-RAr, puesto que ningún hombre vale lo suficiente para hacerlos sufrir. Y si no puede o no quiere tratar bien a tus hijos, debes considerar si puede o quiere tratarte bien a ti.

Sylvia
por Nicole Hollander

"Terminé con mi novio
porque quería casarse.
Yo no quería que
se casara."

Rita Ruaner

CAPÍTULO QUINCE

LA RUPTURA

Algunas veces las relaciones llegan a un punto en el que por lo menos uno de los dos sabe que es tiempo de pasar a otra cosa. En el Estilo de la Cabrona Interior para la Intimidad, este es el momento en que haces exactamente eso: pasar a otra cosa.

En realidad no hay nada divertido en una ruptura (por lo menos no mientras está sucediendo). Si tú eres la que está rompiendo con él, te sientes muy mal. Si tú eres con quien están rompiendo, te sientes muy mal. Sea como sea te vas a sentir muy mal (a menos, claro está, que la relación fuera tan mala que lo único que sientes son ganas de bailar, en cuyo caso tienes mi permiso para bailar).

Sin importar el motivo, debes recordar esta sencilla regla para el periodo de rompimiento: mantén tu dignidad. Desafortunadamente no tengo un acrónimo inteligente para la regla, pero por lo menos es corta y directa.

Pero ESPERAr funciona hasta en la fase de ruptura. Por ejemplo, es muy útil en situaciones en las que puedas sentirte tentada a olvidarte de la dignidad y hacer algo precipitado. Como: *Pasaba por aquí...* (ya sabes, cuando sucede que sólo pasabas por su casa a la hora que siempre regresa de trabajar). Todas hemos hecho el *pasaba por aquí*, pero eso no quiere decir que sea inteligente hacerlo.

O tal vez la *llamada telefónica razonable* sea más tu estilo.

Cuando Ginny terminó con Mark, cayó en la trampa de la llamada telefónica razonable. Un amigo de Mark dejó un mensaje para él en la contestadora de Ginny sobre su juego de dardos de todos los jueves. Aunque el amigo dijo que iba intentar llamar a Mark a su oficina, Ginny tenía que llamarlo para darle el mensaje, porque cómo iba a dormir sabiendo que Mark podía perderse su juego de dardos de todos los jueves, sólo porque ella no se había molestado en recordárselo.

¿En qué estaba pensando? En realidad no estaba tan preocupada por su juego de dardos. Y las probabilidades de que no haya otra ruta más que la de su casa hacia cualquier lugar adonde te dirijas son pocas o nulas. No, lo que tú y Ginny estaban pensando es casi seguro que fuera algo así: "¿Qué hice? ¡Él era maravilloso! ¡Soy una tonta! ¡Me voy a pasar el resto de mi vida sola!" O tal vez sólo sea que pienses que terminar una relación apesta. Y tienes razón. ¿Así que por qué no disfrutar tu desdicha el mayor tiempo posible? Te voy a dar unos métodos probados y seguros, desarrollados durante años, para enfrentarte a las rupturas:

- Llama a tus amigos y alterna entre lloriqueos, ataques de rabia y paroxismos de risa.
- Hazte una grabación desdichada con todas tus canciones de decepción favoritas. De esta forma vas a tener una banda sonora personalizada para:

  a) esas veces cuando el pesar te enerva y no tienes energía ni siquiera para surfear por los canales de la televisión;

  b) esos paseos nocturnos en coche que haces para escaparte de la casa ("¡Esa habitación la pintamos juntos! ¡Waaaaaah!"); y

  c) los domingos, los cuales todo mundo sabe que son mucho peores que la noche de los sábados para los que acaban de terminar una relación. Llena la cinta con canciones como "No puedo hacer que tú me ames", y otras de ese estilo. Sólo asegúrate de colar un par de himnos de supervivencia. Porque la verdad es que vas a sobrevivir.

- Meredith, una amiga mía, apuesta por esta combinación, a la que llama "Las tres bés": Beethoven, Baudelaire y bourbon. Ella afirma que sumergiéndote en Beethoven (sirve cualquier sinfonía) y leyendo a Baudelaire mientras bebes bourbon, aceleras el proceso de darte cuenta de lo pequeños que son tus problemas comparándolos con la condición humana en general. Y es mejor si puedes leer a Baudelaire en francés.
- Mantente ocupada, ocupada, ocupada. Acepta todas las invitaciones, llama a todos tus amigos para

que realicen alguna actividad contigo, limpia cada centímetro de tu casa de la manera antigua (vestida con una bata de andar por casa, si tú entiendes lo que es eso, y sin aspiradora). Sólo asegúrate de no tener tiempo de sentir nada ni pensar en la ruptura; de esa forma pasarás casi sin darte cuenta por el proceso, hasta ese punto inevitable en el que todos los sentimientos y pensamientos que has ignorado deliberadamente te golpeen como una avalancha. Entonces puedes probar los métodos descritos arriba.

Intenta evitar la respuesta clásica a una ruptura; es decir, comprometerte de inmediato con alguien más. Sí, claro, de esa forma puedes pretender que tus cambios de humor se deben al entusiasmo por la nueva relación. Pero este método no funciona por mucho tiempo. Y lo más probable es que tengas que pasar por todo el proceso de la ruptura otra vez.

La idea tras el concepto de experimentar, profundamente, todos los rangos emocionales de la ruptura es que te ayuda a sobreponerte al fin de la relación. Y te ayuda a tomar la distancia necesaria para aprender realmente sobre los fallos en la relación. Si estás siguiendo el Estilo de la Cabrona Interior para la Intimidad, toda relación va a ser buena, aun las que terminan, porque todas te van a ayudar a saber quién eres y qué es lo que quieres.

Lo que significa que vas a salir del proceso lista para entrar en una relación nueva y mejorada cuando llegue el momento.

Sylvia   por Nicole Hollander

"El matrimonio es un
recuerdo del amor."

Helen Rowland

CAPÍTULO DIECISÉIS

LA "M" MAYÚSCULA

Es muy probable que, cuando ya llevas cierto tiempo en una relación, surja el tema del matrimonio. Lo ideal es que surja porque tú y tu amado quieren establecer un compromiso duradero con el otro. No hay otra razón verdadera para siquiera hablar sobre el tema. El que otras personas les pregunten: "Van en serio, ¿o qué?" no es razón suficiente para considerar el matrimonio. Aunque sea tu madre la que hace la pregunta.

Ya sabes lo que voy a decir, así que dilo conmigo: **ESPERA**.

Si estás pensando que ya estás lista para declarar tu devoción por tu pareja de una manera formal, entonces esa es una razón bastante buena para casarse.

Si lo que estás pensando es que te encantaría lucir un precioso vestido blanco, representar el papel de "princesa por un día" y recibir un montón de regalos caros de tus amigos y familiares, mejor recapacita, puesto que hay una enorme diferencia entre las bodas y el matrimonio. Por un lado, las bodas duran un par de horas; el matrimonio dura (por lo menos eso esperamos) bastante más.

Tienes que entender que el Estilo de la Cabrona Interior para la Intimidad no es antibodas. Pero es peligroso confundir el casarte (es decir, la boda) con estar casada.

Conozco un número sorprendente de mujeres que dicen que empezaron a planear su boda antes de llegar a la pubertad. Unas cuantas tenían tanta prisa por realizar sus planes que se casaron con el primer hombre que se cruzó en su camino. Claro que tuvieron bodas maravillosas, pero había un error en su plan: despertaron al día siguiente casadas con hombres que no conocían en realidad.

Cada una de ellas se preguntaba: "¿Cómo pudo pasar?"

Pasó porque se quedaron atrapadas en la fantasía contenida en el pequeño fragmento de una frase: "... y vivieron felices para siempre".

Esa es una de las más grandes mentiras que se hayan contado.

No porque el matrimonio sea una desgracia, no lo es ni mucho menos. El problema con esa frasecita es que, aunque es una gran forma de terminar una historia, el matrimonio no es un convenio de felicidad para siempre. Es un proceso continuo, lleno de cuentas por pagar, tintorería que recoger, comestibles que comprar y toda clase de detalles frustrantes, interminables, acentuados por risas, conflictos, comidas grandiosas, maravillosas experiencias compartidas y la ocasional llanta ponchada. Como la vida misma.

De lo que se deduce que no debes dejar de ESPERAr después de la ceremonia del matrimonio.

¿Recuerdas cómo te sientes después de una comida muy abundante, cuando juras que no vas a volver a comer en tu vida? Cuando te das cuenta, ya es hora de desayunar, tienes el tenedor en la mano y el proceso vuelve a empezar. Lo mismo sucede con el matrimonio. El día después de la boda, tu vida vuelve a empezar.

Si estás siguiendo el Estilo de la Cabrona Interior para la Intimidad, eso es bueno.

Sin embargo, no se puede negar que el matrimonio cambia la relación. Algunos de esos cambios son sutiles, otros no son tan sutiles. Por ejemplo:

- La parte de tu vida que se refiere a las relaciones se *estabiliza*. La buena noticia es que ya no tienes que gastar energía en citas. La mala noticia es que la estabilidad a veces facilita que no se ocupen lo suficiente uno del otro.

- Si cambias tu apellido, puede haber algún tipo de crisis de identidad. Muchas mujeres comentan sobre lo raro que se siente que alguna persona las llame por el apellido de sus maridos. (Puedes evitarlo no cambiando tu apellido. Utilizar los dos apellidos te pone en una posición comprometedora.)

- De alguna forma, el sencillo acto de casarte hace pensar a ciertas personas que pueden hacer preguntas sobre tu vida reproductiva.

- Lo más probable es que después de que te cases, las finanzas se conviertan en un tema compartido (si no es que ya lo era).
- Puede haber algunas sorpresas. Por muy bien que creyeran conocerse uno al otro, aun si ya vivían juntos, una vez que se casen pueden aparecer algunas conductas desconocidas.

CONFUNDIR A TU MARIDO CON UN SOMBRERO

Hay una tendencia entre las personas casadas de referirse a su pareja como *mi esposo* o *mi esposa*. Algunas veces esto lleva a una clase muy específica de confusión: puedes empezar a creer que la persona con la que te casaste es alguna clase de posesión. Aunque esto es perfectamente comprensible (piensa en la lista de cosas que llamas *mi*: mi silla cómoda, mi mantel, mi pasaporte, mi teléfono celular), lo mejor que puedo decirte es que es inexacto.

Aunque el que alguien te considere como propio te proporciona un maravilloso sentido de comodidad y seguridad, los problemas surgen cuando la seguridad se convierte en complacencia.

ESPERAr te ayuda a evitar ser complaciente, ya que si estás pensando en tu vida, no puedes evitar mantenerte alerta sobre: a) tu matrimonio, y b) la persona con la que estás casada.

"¿Y...? ¿NO TIENEN ALGUNA NOTICIA?"

La suegra de Claudia empezó cada conversación con esta frase durante los dos años posteriores a la boda de

Claudia y John. No importaba el hecho de que Claudia y John obtuvieran dos ascensos cada uno en esos dos años. A la mamá de John no le importaba. Lo que ella quería saber era cuándo la iban a hacer abuela.

Aunque tú puedas pensar que la planeación familiar es un tema personal, el hecho es que los miembros de tu familia también tienen algo que decir sobre el tema, porque tus hijos también van a estar relacionados con ellos. Y aunque puede ser difícil ESPERAr bajo la presión constante y comentarios como: "¡La hija de Gloria se casó apenas el año pasado y va a tener gemelos!", ESPERA de todas formas.

Porque hasta la abuela más devota te va a devolver a esos niños en algún momento.

ESPERAR EN LO REFERENTE AL DINERO

Según los expertos, las parejas pelean más sobre temas monetarios que sobre cualquier otro tema.

Pase lo que pase, el dinero puede ser un tema increíblemente emocional, pero esto es más cierto cuando tu pareja y tú tienen diferentes puntos de vista al respecto. Y lo más probable es que tengan diferentes puntos de vista sobre el tema.

Por lo tanto, ESPERAr es especialmente importante en lo que se refiere a las finanzas, puesto que si no estás consciente de lo que piensas sobre el dinero, no puedes decir cómo lo quieres manejar en el contexto de tu relación.

Si no sabes cómo te sientes en lo referente al dinero, nunca vas a poder resolver las inevitables discusiones sobre el tema.

¿Crees que no va a pasar en tu relación? Sería muy agradable, pero no es muy realista. En algún momento uno de los dos va a querer gastar en algo que el otro no va a querer, y *vôilà*, empieza la discusión.

Puede ser algo tan simple como que uno quiera pedir una pizza y el otro quiera salir a comer un filete; o puede ser algo tan complejo como la decisión de mandar o no a los niños a un colegio particular.

El dinero puede ser la razón para una discusión aunque el tema no surja de inmediato. Por ejemplo: Zach pensó que era una gran idea hacer un crucero al Ártico en sus próximas vacaciones con Deidre. "¡Pingüinos! ¡Muchos pingüinos haciendo cosas de pingüinos!" Deidre tenía una idea mejor. "En el Ártico hace mucho frío. ¿Por qué no mejor pasamos una semana con mi mamá en su condominio de Boca?"

Cualquier persona en su sano juicio sabe que lo de Boca es un desastre a punto de suceder. Y Zach lo dijo. Lo que comenzó una discusión que terminó incluyendo todo: desde la vez que Deidre quemó las cortinas del comedor (¡Oye, en ese momento le pareció buena idea poner velas en la cornisa de la ventana!) hasta la horripilante tendencia de Zach a responder constantemente a todo diciendo *cierto*. (No fue un buen ejemplo del manejo de conflictos al Estilo de la Cabrona Interior.)

Después de que se tranquilizaron las cosas, Deidre admitió que la razón verdadera por la que no quiso ir en el crucero a Alaska fue que pensar en gastar tanto dinero en un viaje le dio pánico. "¿Qué tal si tenemos una emergencia y necesitamos el dinero?"

"Pero podemos pagarlo", le dijo Zach, y añadió que no tenía sentido tener dinero si no era para disfrutarlo.

Después de mucha plática, encontraron una alternativa que les pareció buena a los dos: gastarían la mitad del dinero en un viaje al zoológico de San Diego (donde hay pingüinos), guardarían la otra mitad y empezarían a ahorrar para ir al Ártico después.

SORPRESA, SORPRESA, SORPRESA

Sin embargo, hay algunos cambios demasiado específicos que pueden llegar con el matrimonio, algunos de los cuales pueden aparecer a nivel subconsciente. Existe un fenómeno en el que uno de los miembros de la pareja o ambos empiezan a sonar como sus padres respectivos. Como dice una amiga mía: "Él y yo formamos una gran pareja, pero su papá y mi mamá no son una gran pareja. Cuando empezamos a sonar como ellos, tenemos que decírselo al otro".

También existe el síndrome de: "¡Ya estoy en mi papel y no puedo salir de él!"

Por ejemplo, mi amiga Marsha. Creo que Marsha está en contacto con su Cabrona Interior desde que nació. Ella sería la última persona que yo hubiera pensado que caería en la lindura tóxica. Y no lo hizo durante mucho tiempo. Pero más o menos un año después de que ella y Dan se casaron, Marsha se dio cuenta de que se había convertido en *La Esposa*, un papel basado en el personaje de Mary Tyler Moore en el show de Dick Van Dyke.

"Es como si me hubiera convertido en la esposa de una comedia de los años cincuenta o algo parecido", me dijo. "Sólo me falta la falda en línea A".

Era obvio que Marsha había caído tanto en la lindura tóxica como en la intimidad tóxica. Obviamente, a Dan le parecía relajante tener a alguien que le tuviera consideraciones y lo atendiera en todo momento. ¿A quién no? Como Marsha no quería dejar de estar casada con Dan, sabía que tenía que ESPERAr.

Tenía que ver cómo hacer para que le funcionara eso de ser esposa. Tuvo que rechazar la idea de que ser una buena esposa era ser Laura Petrie. Iba a tener que diseñar su papel de esposa a la manera de Marsha.

Lo hizo, ESPERAndo.

LA VELOCIDAD DE CAMBIO

Si aceptamos que la única constante en la vida es el cambio, en un mundo perfecto los esposos crecerían y cambiarían al mismo tiempo y en pistas paralelas.

Repito otra vez, este no es un mundo perfecto.

Así que, ¿qué pasa si hay una disparidad en la velocidad a la que tú y tu amor están creciendo? Desde luego que eso es natural, después de todo se casaron, no se clonaron. Y aunque sus vidas no sean un espejo una de la otra, mientras no sea que uno se vaya a vivir con el Dalai Lama y el otro se una a los Ángeles del Infierno, puede haber fricciones, pero no tiene por qué ser el final del matrimonio. Todo lo que significa es que hay algunas fricciones, lo que pudiera ser algo bueno. ¿Qué mejor manera de combatir el ser demasiado servicial?

Piensa: las probabilidades de que dos personas cambien durante su vida en exactamente la misma forma son casi nulas. Y a decir verdad, es probable que fuera muy aburrido, aunque la idea de que una persona haga un cambio importante mientras la otra permanece exactamente igual sea atemorizante.

Consideremos a mis amigos Colleen y Patrick, que se casaron dos años después de salir de la universidad. En ese momento, los dos habían conseguido buenos trabajos, que además disfrutaban, y tenían un estilo de vida que era un sueño; con ascensos, bonos, vacaciones de ensueño, coches caros, etcétera, etcétera, etcétera.

Ambos lo adoraban. Pero de pronto Colleen empezó a preguntarse si eso era todo lo que la vida tenía para ella, y lo que empezó como una reflexión extraña se convirtió en una preocupación casi de tiempo completo. Cada conversación acababa en el tema, si no es que empezaba con él. "Pat", decía, despertándolo a media noche, "¿no te parece que debe haber algo más que esto?"

Pat, que casi siempre tenía desayunos de trabajo al amanecer, no compartía su curiosidad.

"Cariño, si no me dejas dormir, no va a poder haber más de esto." Por lo menos eso es lo que decía al principio. Pero poco a poco empezó a perder la paciencia con las preguntas vanas de Colleen. Finalmente gritó algo sobre que Colleen debería ir a ver qué más podía encontrar para ella, y así él podría dormir una noche completa.

Y ella lo hizo. Colleen se embarcó en la búsqueda por dar sentido a su vida. Y esa búsqueda, después de mucho pensar y autoexaminarse, la llevó a matricularse en un seminario; iba a convertirse en ministra. Lo que a Patrick, que ni siquiera había pensado en volver a la iglesia desde que se casaron, le pareció algo desconcertante. Además ella estaba dejando un salario jugoso y mucho prestigio por hacerlo, lo que significaba el final del estilo de vida al que ya se habían acostumbrado. La decisión de Colleen no lo hacía muy feliz.

¿Fue el fin de la relación de Patrick y Colleen? No, aunque algunas veces les llegara a parecer a los dos que la relación no iba a resistir esa transformación. Pero a pesar del hecho de que Patrick no comparte la entrega de Colleen a la religión, él está dedicado a ella y a su matrimonio. "Prometí amarla y respetarla", explica. "En la riqueza y en la pobreza. El que su decisión no estuviera dentro de los planes no es un motivo para cambiar de opinión. Además, me gusta eso de referirme a mi esposa como *la reverenda*. Toma desprevenidas a muchas personas". A veces hasta va al templo con ella, cuando no tiene un juego de golf programado.

Yo sé que las cosas no siempre logran resolverse. Pero también sé que las personas no suelen hacer cambios tan drásticos como el de Colleen. Aunque sería un poco ingenuo (e injusto) esperar que una persona no cambiara durante la mayor parte de su vida sólo porque estás casada con él o ella, ¿no te parece? O si no, ¿cuántos cortes de cabello diferentes has lucido durante los últimos cinco años?

Sylvia   por Nicole Hollander

LA POLICÍA DEL AMOR

Sofoca una relación naciente entre un hombre que usa una corbata con caritas felices y una mujer cegada por su atractivo.

Hola, me llamo Adam Dean III y soy consejero sobre crecimiento personal, y un buen escucha.

Y bastante adorable, también. ¿Qué es exactamente un consejero sobre crecimiento personal?

No te interesa saberlo. Sólo aléjate de él. Ve por unas de esas fajitas bajas en grasas.

©1995 por Nicole Hollander

"Si el amor es la
respuesta, ¿podrías
repetirme la pregunta?"

Lily Tomlin

CAPÍTULO DIECISIETE

Y EN CONCLUSIÓN...

¿Entonces, cuál es el resultado de esta Guía de la Cabrona Interior para la Intimidad? Es muy sencillo:

1. Serás libre para ser tú misma en la relación más íntima de tu vida.
2. Vas a obtener lo que quieres y lo que necesitas de una relación.
3. No te vas a cansar perdiendo el tiempo en posibles relaciones que son en realidad románticos callejones sin salida.
4. Te vas a sentir más cómoda con tu situación romántica, sin importar cuál sea ésta.

En otras palabras, las probabilidades de tener una relación exitosa mejoran cuando intentas esto en lugar de la intimidad tóxica. Lo que significa que cualquier relación que tengas va a mejorar tu vida. Te vas a sentir contenta, satisfecha y segura; aumentarán tus probabilidades de conseguir lo que quieres y necesitas de la relación; te vas a sentir conectada a la otra persona, y, aunque sabes que puedes vivir sin él, vas a preferir que no sea así.

¿Y qué pasa si las cosas cambian?

Ya sabes qué hacer: ESPERA. No podemos negar que no todas las relaciones van a durar. No todas las relaciones están hechas para durar. Pero el hecho es que una comunicación clara y satisfactoria aumenta las posibilidades de que una relación pueda prosperar, y la buena comunicación empieza al ESPERAr.

¿Qué pasa si estás en una relación que comenzó antes de que leyeras este libro y aprendieras el Estilo de la Cabrona Interior para la Intimidad? ¿La relación está condenada al fracaso?

Yo creo que no.

¿Qué pasa si te das cuenta de que a pesar de tus mejores intenciones, has caído en un patrón de lindura tóxica que tiene efectos sobre tu romance? ¿Debes terminar tu relación actual y empezar una nueva con otra persona?

No, probablemente no.

Aunque puede ser difícil cambiar de caballo en medio de un río (o lo que es lo mismo, cambiar tu comportamiento), nunca es demasiado tarde para empezar a practicar el Estilo de la Cabrona Interior para la Intimidad, y si ya empezaste un descenso lento pero constante hacia la intimidad tóxica, siempre puedes salirte de esa superficie resbaladiza.

¿Recuerdas a mi amiga Samantha, la que se reinventaba para cada hombre y cuando encontró al hombre correcto, éste la dejó? Después de que John terminó con ella porque había cambiado mucho desde el principio de la relación, vio la luz. "Tal vez debo intentar dejar de ser como estos hombres quieren que sea y debo ser yo misma", me dijo. Así que terminó con el molesto hábito, al decirse ESPERA cada vez que la abrumaba el deseo de presentarse bajo una luz diferente.

Los resultados la sorprendieron. "La mayor parte del tiempo estoy pensando que tal vez le guste a un hombre si actúo de cierta forma", me dijo. "¡Y muchas veces lo hago sin siquiera estar segura de si me gusta!" No es necesario decir que fue difícil para Sammy darse cuenta de eso. Pero la buena noticia es que Sammy es bastante fuerte.

Otra buena noticia es que aunque ellos terminaron, Sammy y John siguen en contacto.

Como pasa con frecuencia, cuando él se separó de ella en lo concerniente a su romance, se convirtieron en buenos amigos. Y como pasa algunas veces, después de cierto tiempo reanudaron el romance. Aunque sé que Sammy sería la primera en decirte que todavía lucha con la intimidad tóxica, prefiere pelear que seguir con su antigua actitud.

El cambio puede darse aunque no haya un rompimiento. Puedes decidir aplicar el Estilo de la Cabrona Interior para la Intimidad cuando una relación ya lleva bastante tiempo, pero es natural esperar un periodo de turbulencia durante la transición.

Binnie, por ejemplo. Ella perfeccionó lo que Marsha empezó, pero Binnie y Jerome llevaban más tiempo juntos que Marsha y Dan. Déjame platicarte de Binnie: era una de las tres mujeres en un grupo de más de 200 estudiantes hombres de medicina, allá en la época en la que las mujeres se convertían en enfermeras y no en médicos. Y esta mujer realizada y sorprendente servía a su marido en todo. Ese hombre no sabía ni siquiera cocinar un huevo; y a veces se jactaba de que ni siquiera sabría dónde encontrar una taza en su propia cocina. A Binnie no le encantaba esa situación; de hecho, estaba resentida por ella. Y ese resentimiento creció hasta que Binnie empezó a considerar finalizar su matrimonio.

El problema era que amaba a Jerome. Así que decidió ESPERAr. Cada vez que sentía el deseo de hacer algo para él, que él mismo podría hacerse, se sentaba y pensaba y reflexionaba sobre la situación, hasta que pasaba el momento.

Al principio, los días de Binnie y Jerome estaban llenos de intercambios como estos:

Jerome: "Me encantaría desayunar un café con tostadas."

Binnie: (un largo silencio seguido de:)"Hay café recién hecho y pan fresco en la cocina."

Jerome: "¡Qué bueno!" Al principio, cuando Jerome veía que Binnie no se movía para ir a la cocina, intentaba dejar caer una o dos pistas. Después de que ella le explicó cómo se hacían el café y las tostadas, él daba vueltas por la cocina y lo hacía (una actividad que dio como resultado algunos ofrecimientos de alimentos quemados y de un líquido con aspecto lodoso).

Sin embargo, después de un tiempo, Jerome entendió las técnicas básicas para la realización de tareas mundanas. En ese punto, Binnie dio un paso más. Comenzó a pedirle a Jerome que pasara por la tienda de regreso del trabajo. Como es natural, al principio él se oponía, pero ella le daba una lista y se obligaba a dejar que Jerome se encargara de esas compras.

Hoy, Jerome hace la compra, lava ropa, aspira toda la casa y limpia la cocina después de cada comida. Es muy celoso de su deber, ya que la mesa queda recogida en el momento en que todos terminan de comer.

"¡En el momento en que el último pedacito está en el tenedor camino a tu boca, el plato desaparece!", se ríe su hija. Binnie se queda sentada esperando a que él le traiga el café.

El punto es que nunca es demasiado tarde para ESPERAr.

SOBRE LA AUTORA

Elizabeth Hilts es una escritora, editora y conferencista que vive en Connecticut. Su trabajo aparece regularmente en periódicos y revistas de Estados Unidos. Hilts es autora del libro *Manual de la Perfecta Cabrona*, que proclama el fin de la lindura tóxica como la conocemos. Se ha presentado en más de cien programas de radio por todo el país, así como en el programa de Ricki Lake y el de Pat Bullard. Cuando salió su primer libro, Rush Limbaugh la vituperó durante semanas, lo que la hizo reír.